NORMOSE

Dados Internacionais de Catalogação na Publicação (CIP)
(Câmara Brasileira do Livro, SP, Brasil)

Weil, Pierre
 Normose : a patologia da normalidade / Pierre Weil, Jean-Yves Leloup, Roberto Crema. 5. ed. – Petrópolis, RJ : Vozes, 2014.
 Bibliografia.

10ª reimpressão, 2025.

ISBN 978-85-326-4098-7

1. Comportamento humano 2. Norma (Filosofia) 3. Psicologia transpessoal 4. Psicopatologia I. Leloup, Jean-Yves. II. Crema, Roberto. III. Título. IV. Série.

11-02618 CDD-150.198

Índices para catálogo sistemático:
1. Normose : Psicologia transpessoal 150.198

Pierre Weil
Jean-Yves Leloup
Roberto Crema

NORMOSE

A patologia da normalidade

Petrópolis

© 2011, Editora Vozes Ltda.
Rua Frei Luís, 100
25689-900 Petrópolis, RJ
www.vozes.com.br
Brasil

Todos os direitos reservados. Nenhuma parte desta obra poderá ser reproduzida ou transmitida por qualquer forma e/ou quaisquer meios (eletrônico ou mecânico, incluindo fotocópia e gravação) ou arquivada em qualquer sistema ou banco de dados sem permissão escrita da editora.

CONSELHO EDITORIAL

Diretor
Volney J. Berkenbrock

Editores
Aline dos Santos Carneiro
Edrian Josué Pasini
Marilac Loraine Oleniki
Welder Lancieri Marchini

Conselheiros
Elói Dionísio Piva
Francisco Morás
Teobaldo Heidemann
Thiago Alexandre Hayakawa

Secretário executivo
Leonardo A.R.T. dos Santos

PRODUÇÃO EDITORIAL

Anna Catharina Miranda
Eric Parrot
Jailson Scota
Marcelo Telles
Mirela de Oliveira
Natália França
Priscilla A.F. Alves
Rafael de Oliveira
Samuel Rezende
Verônica M. Guedes

Editoração: Elaine Mayworm
Diagramação: Sheilandre Desenv. Gráfico
Revisão gráfica: Jaqueline Moreira
Capa: WM design

Tradução de Jean-Yves Leloup no simpósio: Regina Fittipaldi
Participação especial: Iradj Roberto Eghrari e Frei Vitório Mazzuco, OFM
Revisão do texto de Jean-Yves Leloup: Karin Andréa de Guise

Transcrição das fitas: Suzana Beiro e Lia Teresa Molinari
Organização: Suzana Beiro

ISBN 978-85-326-4098-7

Este livro foi composto e impresso pela Editora Vozes Ltda.

Aos mutantes da nova idade
da consciência.

Sumário

Prefácio, 9

I Normose, anomalias da normalidade, 11
   1 Introdução ao tema da normose – Pierre Weil, 13
   2 Normose e o medo de ser – Jean-Yves Leloup, 22
   3 Três fundamentos da normose – Roberto Crema, 34
   Perguntas e partilhas, 55

II O universo da normose, 73
   1 Normose e o Complexo de Jonas – Jean-Yves Leloup, 75
   2 Normose, um mundo a ser explorado – Pierre Weil, 84
   3 Da normose à transparência – Roberto Crema, 108
   Perguntas e partilhas, 126

III Da normose à plenitude, 145
   Relato de um sonho de Maria, 147
   1 As tentações da normose – Jean-Yves Leloup, 149
   2 Trilhos normóticos, trilhas evolutivas – Roberto Crema, 157
   3 Do estagnante ao mutante – Pierre Weil, 174
   Perguntas e partilhas, 188

IV Normose religiosa e a terapia do amor, 211
   1 Cuidar do que nos cuida – Jean-Yves Leloup, 213
   2 Espiritualidade transreligiosa: a teia do Amor – Roberto Crema, 222
   3 Um compromisso transreligioso – Iradj Roberto Eghrari, 234
   4 Mãos à obra! – Pierre Weil, 243
   5 Dançar o amor – Frei Vitório Mazzuco, OFM, 247

Perguntas e partilhas, 253

Bibliografia complementar dos autores, 261

Prefácio

Na história da humanidade são correntes certos eventos que desencadearam significativas mudanças, evolucionárias ou revolucionárias. Seja o nascimento de um Cristo ou de um Buda, seja a publicação de um livro como o *Tao-Te-King*, de Lao-Tsé; ou *O capital*, de Karl Marx. Sejam *slogans*, como o da Revolução Francesa, *Liberdade, igualdade, fraternidade*; ou a criação de simples palavras, como *neurose;* ou novos conceitos, como o de *recalque sexual* ou *inconsciente*, por Freud.

O título deste livro, *Normose, a patologia da normalidade*, foi lançado e divulgado nestes últimos quinze anos, pelos seus coautores, em diversas palestras, conferências, livros e artigos, em várias partes do mundo, de forma convergente e independente. O que sempre constatamos foi uma curiosa reação comum, nos mais variados públicos: sorrisos, risos, seguidos de perguntas e de comentários bastante entusiasmados e estimulantes. Um sinal óbvio de que estávamos acertando em algum significativo alvo. Constatação confirmada pela facilidade com que este conceito rapidamente se irradiou em muitas partes do mundo. Numa simples pesquisa, em um site da internet, realizada nesta data, encontramos 131 itens sobre o tema!

Tudo indica, esta é nossa hipótese, que o conceito de normose, com seu aprofundamento e desenvolvimento, provoca um importante questionamento a respeito do que se considera *normalidade*. A tomada de consciência desta realidade poderá facilitar uma profunda mudança na visão e consideração de certas opiniões, hábitos e atitudes comportamentais, considerados *normais* e *naturais*, pelas mentes mais desatentas e adormecidas.

É com a alegria de um dever cumprido que entregamos às mãos dos leitores este livro, confiantes de que poderá contribuir para a superação de um imenso e nefasto obstáculo que impede o fluxo da existência evolutiva. Fonte, também, de desastres individuais, sociais e ambientais. E que estimulará outros encontros, reflexões e amplificações, pois se trata de um horizonte muito amplo a ser reconhecido, percorrido e conquistado.

Este livro é produto de um simpósio ocorrido entre 17 e 20 de setembro de 2002, na Granja do Ipê, sede da Universidade Holística Internacional, Unipaz-DF. Seu conteúdo foi revisado e ampliado, com a inclusão de partes de textos, livros e de artigos publicados anteriormente, pelos seus autores, em revistas como *Le Troisième Millenaire*, *Palas Athena*, entre outras. E, também, pela experiência adquirida em suas observações clínicas, educacionais, institucionais, e nos diálogos com profissionais de diversas áreas, bem como com o público em geral.

Agradecemos à Fundação Cidade da Paz, presidida por Sandra Sandres, ao *campus* da Unipaz-DF, coordenado por Ângela Maria de Oliveira, e à coordenadora do retiro e da Formação Holística de Base, Gizelma Fernandes, pela organização primorosa do evento. Nosso muito obrigado ao Colegiado de Reitoria, Lydia Rebouças, Regina Fittipaldi e Cristina Maria Carvalhêdo. Nossa gratidão à tradutora de Leloup no evento, Regina Fittipaldi e, também, por suas reflexões sobre a *normose ambiental*. À Maria da Gloria Sobrinho, que aceitou o convite para coordenar a mesa de reflexões e de partilhas. E a Dad Squarisi, que se prontificou, com seus dons, a revisar este texto.

Somos muito gratos, também, pela participação especial de Iradj Roberto Eghrari e de Frei Vitório Mazzuco, OFM, no último capítulo desta obra. Agradecemos o intenso labor de Suzana Beiro e de Lia Teresa Molinari, que transcreveram o material das fitas. Gratidão muito especial à Suzana Beiro, pela excelente organização, que transformou um encontro vivo e palpitante no desafio deste livro.

Que esta seja uma chama de transformação, contribuindo para a reconstrução de uma humanidade mais íntegra e digna no jardim de Gaia.

Brasília, 27 de agosto de 2003.

1
NORMOSE, ANOMALIAS DA NORMALIDADE

E se me achar esquisita,
respeite também.
Até eu fui obrigada a me respeitar.
Clarice Lispector

1
Introdução ao tema da normose
Pierre Weil

O que nos reúne neste encontro talvez seja um dos conceitos mais importantes gerados pelo movimento holístico. O paradigma holístico, que é de renovação de visão da realidade e da vida, implica a criação de conceitos que mudem nossa maneira de ver as coisas. São palavras emergentes que surgem, a exemplo da holística, como transdisciplinaridade, transreligiosidade e transpartidarismo político. Nesta jornada estudaremos, no contexto da Universidade Holística Internacional (Unipaz) e do Colégio Internacional dos Terapeutas (CIT), dois novos conceitos: o da *normose* e o da *terapia inter-religiosa.*

Quando indaguei a respeito de quem havia desenvolvido o conceito de normose, tive duas surpresas. Uma foi que, na França, Jean-Yves Leloup tinha forjado e se aprofundado nessa noção, a qual publicou em alguns artigos. Quando me voltei para o Brasil, descobri que Roberto Crema também tinha desenvolvido o mesmo conceito, que já consta em seu livro *Análise transacional centrada na pessoa... e mais além* (1984). Mais ou menos na mesma época ou, pelo menos, no mesmo século... Sendo assim, vocês estão na presença daqueles que desenvolveram o criativo tema da normose. Essa palavra me tocou muito quando a ouvi de Jean-Yves Leloup por ocasião de um seminário sobre a normalidade.

Então, vamos tecer considerações gerais sobre a normose, sua origem, características e os critérios para afirmar que uma pessoa ou uma época está normótica. Depois, Jean-Yves Leloup nos falará sobre as diferenças e semelhanças entre os conceitos de normose, de psicose e de neurose. Roberto Crema focalizará aspectos sistêmicos, paradigmáticos e evolutivos do conceito.

A mim cabe uma introdução geral.

Um testemunho pessoal

Surpreendi-me um dia desses refletindo sobre esse tema, procurando entender a gênese desse conceito. Quais foram os fatores, as variáveis determinantes em sua criação? Isso me levou a relembrar uma passagem de minha história pessoal. Penso que a maneira mais simples de fazê-los entender do que se trata será contando um pouco do que se passou comigo há algumas décadas. Isso nos levará, ao mesmo tempo, aos aspectos pessoais e sociais que culminaram na criação do conceito de normose.

Lembro-me da crise existencial pela qual passei aos trinta e três anos de idade. Com o conhecimento que tenho hoje, identifico-a como consequência de uma normose. Foi, tipicamente, a crise de um normótico que ainda não sabia nada a respeito da normose. *Fazia prosa sem o saber*, como diz um jargão popular.

Por que afirmo que eu era normótico? Minha crise ocorreu por eu ter procurado ser normal, de ter realizado o que uma sociedade recomendava e recomenda até hoje sobre o que é ser um homem bem-sucedido. A sociedade, por meio dos meus pais, moldara um ser humano bem-sucedido aos trinta e três anos. Um homem de sucesso porque eu tinha tudo: *tinha* a minha residência, *tinha* a minha casa de campo, *tinha* a minha piscina, *tinha* o meu cargo na universidade, *tinha* o meu cargo junto ao presidente do maior banco da América Latina, *tinha* o meu consultório, *tinha* o meu livro *best-seller*, *tinha* entrevista na televisão, *tinha, tinha, tinha, tinha*... E minha normose era, justamente, *ter*. Havia introjetado toda uma civilização do ter. Eu *tinha, tinha* tudo e estava muito infeliz, não era um homem realizado. Conformado a este contexto, eu acabei tornando-me normótico.

Por quê? Porque eu segui a norma que me levou à patologia: a *patologia moral* – era profundamente infeliz; a *patologia social* – me divorciei porque, quando se está infeliz, culpam-se os outros; e uma *patologia orgânica* – a separação me levou a fazer um câncer.

Então, já temos o conceito da normose: *é o conjunto de hábitos considerados normais e que, na realidade, são patogênicos e nos levam à infelicidade e à doença*. Embora resumida, é a definição que eu tenho seguido até hoje, muito útil e clara.

Para sair da normose, deitei no divã do psicanalista e resolvi aprender e praticar ioga. Foi numa sessão de ioga que descobri a relatividade do conceito de normalidade. Vou contar a história, pois é muito ilustrativa. Todas as quartas-feiras à noite nosso grupo se reunia e o professor nos fazia relaxar, com música, e meditar. Depois, cada um relatava sua experiência. Um dizia: *Eu vi um ser*. Outro: *Eu vi cores*. Outro ainda dizia: *Eu vi formas*. Um mais: *Eu tive uma inspiração maravilhosa*. E, quando chegou minha vez, eu disse: G*ente! Eu estou tapado. Eu não estou vendo nada!*

Isso transcorreu durante um ano. Foi aí que comecei a observar a relatividade do conceito de normalidade: nesse grupo, todo mundo tinha visões e eu não. Então, o grupo era normal e eu era anormal. Lá fora, nos dois milhões de habitantes de Belo Horizonte, quase ninguém tinha visões. Então, eu era normal e o grupo era anormal. Foi quando comecei a cogitar sobre a relatividade do conceito de normalidade.

A fantasia da separatividade

O estudo da ioga me levou ao hinduísmo, ao budismo e ao conceito de *maia*[1]. Constatei que essa nossa maneira de ver as coisas é uma fantasia. Mais tarde, eu a denominei de *fantasia da separatividade*.

Quando criamos a Universidade Holística, ao fazer o estudo da gênese da destruição da vida no planeta, descobrimos que sua raiz está em que consideramos a ilusão como normal. É um conceito provido de consenso social, que pode levar ao suicídio da humanidade. A isso se acrescentou, então, a noção de consenso: uma crença partilhada por uma maioria.

Os estudos de ioga me levaram a fazer um retiro com lamas tibetanos, para onde fui, especialmente, a fim de entender por que os tibetanos insistiam tanto no caráter do sonho em nossa vida cotidiana. Ou seja, a semelhança entre o estado de consciência de vigília e o onírico. E lá eu aprendi, por mim mesmo, por meio do sonho lúcido, que nossa vida cotidiana é como se fosse um sonho. Não tem muita diferença não. E todos acreditam nesse sonho. Voltamos à noção de normose e de consenso.

Um dia, em 1986, ao sair do retiro tibetano, Jean-Yves Leloup me convidou para um simpósio sobre a normalidade no Centro Internacional de Saint-Baume. O local era um tipo de universidade holística, com um ambiente como o da Unipaz, o qual ele dirigia, no sul da França. Lá se encontrava e podia ser visitada a gruta onde Maria Madalena se refugiou depois da passagem de Jesus. E lá, a seu pedido, proferi uma palestra sobre as anomalias da normalidade.

Então, surgiu a ideia de que a normalidade pode ser patológica e patogênica. Todo o seminário versou sobre a definição do que é normal, tarefa nada fácil. O que é normal, afinal? De qualquer

---

1. Maia: termo sânscrito que significa ilusão em seu sentido mais geral.

forma, a criação do conceito de normose nos força a buscar definir o que *não o é*.

Um conceito que me trabalhou

Fiz uma experiência em que procurei colecionar todas as atribuições que se costuma fazer às pessoas julgadas anormais. Por exemplo: você é um idiota; você é um irresponsável; você é maligno etc. Fiz uma coleção de uns trinta ou quarenta epítetos. Em seguida, traduzi-os ao seu contrário, pensando que, talvez dessa forma, poderia definir o que é normal. Para minha surpresa, saiu uma lista do que é um *santo*. Por esse procedimento empírico, um ser normal seria um santo. Será? Deixo a ideia para reflexão.

Depois disso, o conceito de normose ficou me trabalhando porque o novo nos trabalha. De vez em quando, eu o usava nas palestras. Notei que, a cada vez que pronunciava a palavra normose, as pessoas riam muito. Percebi, então, que a reflexão estava mexendo com alguma coisa fundamental. Inquietava as pessoas.

Pouco a pouco me dei conta, entretanto, que esse é um conceito fundamental em psicologia, em sociologia, em antropologia, em educação e nas demais disciplinas e áreas de atuação humana. Mais ainda: evidencia um processo psicossociológico que ameaça a humanidade e as outras espécies vivas no planeta Terra. Uma verdadeira fonte de sofrimentos e de tragédias, das mais diversas proporções. Foi quando realizei uma primeira classificação das normoses. E continuo descobrindo outras em minhas reflexões cotidianas.

Patologia e consenso social

Quando todas as pessoas se colocam de acordo a respeito de uma opinião ou uma atitude e maneira de atuar, manifesta-se um consenso, que dita uma norma. Quando uma norma é adotada por muitos, cria-se um hábito.

A maior parte de nossos costumes são o resultado de normas que adotamos, mais ou menos conscientemente, mediante a imitação dos atos de nossos pais e educadores. Como diria Freud, pelo mecanismo de introjeção. Essas normas deveriam ter a função de preservar nosso equilíbrio físico, emocional ou mental, assim como a harmonia e qualidade de vida.

Nesse sentido, há uma crença bastante enraizada segundo a qual tudo o que a maioria das pessoas sente, acredita ou faz deve ser considerado normal. E, por conseguinte, servir de guia para o comportamento geral, um roteiro para a educação.

Lamentavelmente, nem todas as normas são benevolentes. Ao contrário, algumas são geradoras de sofrimentos e enfermidades, podendo conduzir até mesmo à morte. Como são dotadas de um consenso social, as pessoas não percebem o caráter patogênico.

Certos fatos e descobertas recentes sobre as origens de sofrimentos e de doenças, em nível individual ou social, como as guerras e a violência, assim como em nível ambiental, como a destruição dos ecossistemas, estão a contestar, seriamente, o conceito de normalidade suportado pelo consenso social. Surge uma denúncia lúcida de que certas normas sociais, atuais ou passadas, levam ou levaram ao sofrimento físico e moral indivíduos, grupos e comunidade global.

Definição da normose

A normose pode ser considerada como o *conjunto de normas, conceitos, valores, estereótipos, hábitos de pensar ou de agir aprovados por um consenso ou pela maioria de pessoas de uma determinada sociedade, que levam a sofrimentos, doenças e mortes*. Em outras palavras: que são patogênicas ou letais, executadas sem que seus autores e atores tenham consciência da natureza patológica.

Assim sendo, eis as características de um comportamento *normótico*: 1) um hábito de pensar, sentir e de agir; 2) tido em um certo consenso social como normal; 3) de natureza patogênica ou letal; 4) com uma gênese pessoal ou coletiva, mediante processo introjetivo.

A normose, então, é uma normalidade doentia. Distingue-se da normalidade saudável, como levantar cedo e caminhar todos os dias, onde isso constitui um consenso, por exemplo. E de uma normalidade neutra, como almoçar ao meio-dia.

Tipos de normoses

Distingui *normoses gerais* – que atingem toda a população do mundo ou a uma grande parte dela – de *normoses específicas*. Também *normoses comuns* e *normoses localizadas*. Até agora, tenho estudado mais detidamente as *normoses gerais* e as *específicas*. Tenho certeza de que existem normoses próprias de certas nações, de certos países.

A *normose geral* é a que pode nos levar ao suicídio coletivo. É aquela criada por uma ditadura masculina, de quatro mil anos, em nossa sociedade patriarcal. Caracteriza-se pela repressão do feminino; uma preferência pela efetividade, condenando a afetividade e reprimindo o amor. Em meu livro *O fim da guerra dos sexos – o reencontro do masculino e do feminino*[2], publicado recentemente, faço um resumo dessa normose com nova visão sobre o assunto. Até recentemente se falava no paradigma clássico e no novo paradigma holístico. Eu não tinha a noção de que, por trás da discussão sobre esses paradigmas, ocultava-se a repressão do feminino pelo masculino.

Também temos *normoses específicas*, como as alimentares, as políticas, as ideológicas e bélicas. Descobri, há pouco tempo, que a informática contém uma normose muito perigosa – a *informatose*.

---

2. Letrativa, 2002.

E há muitas outras...

No capítulo final deste livro refletiremos sobre as *normoses religiosas*. Esse tema, capital nestes tempos de fundamentalismos dementes e sanguinários, não foi ainda tratado devidamente. Religiões normóticas criam consensos de massa, jogando povos contra povos. Em nome de qual Deus? Isso é patogênico. Analisaremos essa patologia quando abordarmos o tema da terapia inter-religiosa, uma ideia formulada por Jean-Yves Leloup, que foi uma das últimas palavras que nos comunicou em seu itinerário no Brasil, em 2001, antes de partir para a Europa.

Autômatos ou seres humanos conscientes?

A característica comum a todas as formas de normoses é seu caráter automático e inconsciente. Podemos falar do espírito de rebanho. A maior parte dos seres humanos, talvez por preguiça e comodidade, segue o exemplo da maioria. Pertencer à minoria é tornar-se vulnerável, expor-se à crítica. Por comodismo, as pessoas seguem ou repetem o que dizem os jornais; já que está impresso, deve estar certo! Quantas pessoas aderem a uma ideologia, religião ou partido político só porque está na moda ou para serem bem vistas pelos demais?

Uma maneira disfarçada de manipular as opiniões e mudar os sistemas de valores é anunciar que são adotados pela maioria da população. Nesse sentido, toda normose é uma forma de alienação. Facilita a instalação de regimes totalitários ou sistemas de dominação.

Nas empresas, o autômato não toca o alarme quando é necessário. Como burocrata, segue as normas e os regulamentos ainda que estes ameacem levar o negócio à falência. Nas religiões o normótico é, muitas vezes, um excelente praticante de rituais e leis, mas permanece cego e não sabe o que faz. Os crimes da Inquisição se perpetuam até os nossos dias sob a forma da terrível violência ritual de algumas seitas satânicas.

Por isso é importante alertar os educadores sobre sua responsabilidade. Em suas mãos se encontra a possibilidade de formar autômatos normóticos ou seres humanos plenamente lúcidos. Os automatismos se dissolvem mediante a tomada de consciência.

Tomar consciência da normose e de suas causas constitui a verdadeira terapia para a crise contemporânea. Trata-se, também, do encontro com a liberdade. Seguir cegamente as normas é tornar-se escravo. Quando aprendemos a escutar a voz interior, da verdadeira sabedoria, tornamo-nos livres.

Essa é uma visão geral e introdutória à questão imprescindível da normose. Estou certo de que muito poderemos aprender e aprofundar juntos, neste criativo e instigante horizonte, visando transcender a patologia da normalidade na direção da plenitude humana.

2
Normose e o medo de ser

Jean-Yves Leloup

A normose é um sofrimento, assim como a neurose e a psicose: é o que nos impede de nos tornarmos realmente o que somos. Um dos sintomas da normose é quando o consenso e a conformidade impedem a orientação do desejo no interior de nós mesmos.

A existência desenvolve-se a partir dos desejos e dos medos. O desejo inconsciente é o desejo do *aberto*, apreendido como total *presença* ou *plenitude* (em grego, *pleroma*). O medo inconsciente é o medo do *aberto*, compreendido como total vacuidade, aniquilamento ou dissolução do ego (*kénosis* em grego).

Abordaremos a normose no interior do processo de evolução do ser humano.

Temor desejado, desejo temido

O ser humano se transforma, portanto, a partir de seu desejo de *pleroma*, que atravessa seu medo da *kénosis*. Existe em nós um desejo de plenitude e, ao mesmo tempo, medo do aniquilamento. Em outras palavras, *eros* e *thanatos*: pulsão de vida e pulsão de morte. *Pleroma* e *kénosis*, plenitude e aniquilamento, são dois modos de apreensão do *aberto*, um positivo, objeto de desejo, e outro negativo, objeto de medo. Trata-se da mesma realidade, que é desejada mas nos amedronta... A normose está relacionada com a pulsão de morte; é a estagnação do desejo, aquilo que impede o fluxo evolutivo.

Nessa perspectiva, o inconsciente se manifesta simultaneamente como desejo de *pleroma*, a plenitude, e como resistência à *kénosis*, o aniquilamento. Este desejo e essa resistência podem conhecer diferentes graus de intensidade e de patologia.

Há três formas do desejo de *pleroma* se manifestar:

1) começa como uma interrogação, uma curiosidade diante do *aberto*; é a busca de plenitude que inspira os filósofos humanistas;

2) continua como uma nostalgia diante do *aberto*, ascese, engajamento em um caminho que conduz à plenitude e que pertence ao campo dos filósofos religiosos;

3) desenvolve-se na contemplação, disponibilidade diante do *aberto*, meditação no coração da *presença*; é o campo dos filósofos místicos.

Normose, neurose e psicose

Inicialmente, a resistência à *kénosis* pode se revelar da seguinte forma:

1) medo diante do *aberto* – a normose – que se torna:

2) ansiedade e angústia diante do *aberto* – neurose – que se desenvolve como:

3) terror diante do *aberto*: psicose.

Em termos mais existenciais, diremos que a resistência ao *aberto*, percebido como total vazio, é resistência à morte: medo diante da morte, angústia diante da morte, terror diante da morte.

Utilizaremos o simbolismo da escada e da árvore (cf. quadro na página 29) para indicar o registro das diferentes etapas da evolução da consciência. A função de uma escada é a de manter unidas as partes de baixo e de cima; podemos subir ou descer, estabelecendo o elo entre o alto e o profundo, ponte entre o céu e a terra.

A imagem da escada lembra também que, para ascender a um degrau superior, deve-se passar pelo inferior, é essa integração que nos leva mais longe. No processo da transformação, teremos que integrar os diferentes níveis de consciência; a cada passagem, a cada entrada em um novo estado de consciência, encontraremos o desejo de *pleroma* e o medo da *kénosis*.

Morrer e renascer: uma escalada

Existe, primeiro, o desejo e o medo do nascimento, essa dupla realidade que se traduz como ânsia e temor de nascer. Quando nascemos, perdemos um certo estado de consciência ao qual estávamos identificados. O nascimento implica a entrada em um estado de dualidade que pode nos levar a uma fixação, uma nostalgia da fusão, a qual pode, por sua vez, manifestar-se como busca de dissolução. A fixação pode conduzir a sintomas como o vício em drogas ou alguma outra forma de regressão ao estado fusional, anterior à dualidade, o que impede o avanço evolutivo além dessa fase.

Estado oral

Nesta etapa, o desejo de nascer vai se projetar sobre o corpo da mãe, o que poderá levar ao que foi denominado de *estado oral*. Nesse primeiro espaço de identificação, o corpo da mãe e o ego são vividos como não separados.

O *pleroma* é o corpo do outro; há uma fusão indiferenciada. Nesse estado, o grande medo é a perda, a separação. Estar separado da mãe, para o bebê, é como um esfacelamento que ocorre no interior de si mesmo. Ele procurará fazer a unidade pela boca, pela oralidade.

Os que têm certa fixação nesse estado de evolução podem tentar resgatar, por meio da bebida ou da comida, o seio da mãe. Ao observar algumas pessoas comerem, percebemos que eles continuam a mamar. Há certa maneira de *abraçar* a comida na qual se percebe a atitude de um bebê. Busca-se refazer o *um* por meio do *outro*.

Se a força do desejo for escutada, o impulso para diferenciar-se da mãe poderá ser percebido, mas, para que isso ocorra, será preciso atravessar o medo da separação. É por essa razão que cada uma dessas etapas é, ao mesmo tempo, uma morte e um renascimento.

Morremos para um determinado estado de ser para renascermos a um novo estado de ser. Isso ocorre a cada momento: não paramos de morrer e de renascer. É por meio da separação da mãe que o bebê poderá tomar consciência do próprio corpo. O processo aqui envolvido é o de passar de uma identidade matricial para uma identidade corporal.

Estado anal

Este é o momento em que a criança, a partir da lactação, descobre o corpo. É o que a psicologia freudiana chamou de *estado anal*. Nessa etapa, há o medo da decomposição; no momento em que utiliza o penico, é como se o bebê sentisse que seu corpo se decompõe. Esse pode ser um processo de identificação corporal.

Dizem as tradições espirituais: *tudo o que é composto será decomposto*. Quando um bebê chora à noite, isso muitas vezes pode estar ligado à vivência desse processo. Se houver uma fixação, algum entrave nesse momento, isso poderá gerar algum distúrbio com o corpo: medo, fobia ou doença. Trata-se, novamente, de identificação com uma imagem corporal.

Estado genital

Se atravessar todos esses diferentes medos, a criança poderá, então, ascender à sua identidade sexual, por meio da parte de seu corpo que chama e clama pelo corpo do outro.

Esse é o *período edipiano*, no qual poderá haver vários tipos de fixações, situações que poderão gerar a impotência ou a frigidez; todas as dificuldades sexuais conhecidas. Falaremos, então, do medo da castração.

O nascimento da normose

No decorrer desse processo, a criança ou o adolescente descobrirá que não é apenas o corpo de sua mãe, o qual não é somente um corpo perecível, que não é simplesmente um corpo sexual. Descobrirá, por meio da palavra, que existe algo mais que seu corpo e buscará, novamente, seu *pleroma*, uma identidade. Procurará corresponder à imagem que os pais têm dele e, nessa tentativa, o medo será o de não conseguir estar de acordo com ela. Nesse momento, nascerá o que chamamos de normose: *não posso ser eu mesmo porque tenho que corresponder às imagens e aos desejos que meus pais têm de mim.*

Por exemplo, numa escolha profissional nem sempre o desejo profundo é ouvido. O que se ouve é o desejo proveniente do meio familiar que pode levar a um conformismo com a situação. O mesmo pode acontecer no momento de escolher um cônjuge: frequentemente a moça se casa com um rapaz que agrada sua mãe e o jovem busca o tipo de mulher que o pai aceita e tolera.

É preciso ter uma escuta profunda do desejo íntimo para que se possa sair da prisão, do tolhimento, das expectativas dos pais sobre a criança. O trabalho da terapia é o de facilitar o aprendizado que possibilitará discernir o próprio desejo e descobrir a própria palavra.

Quando falarmos sobre o complexo de Jonas, focalizaremos o fato de que, às vezes, existe um medo de vencer. É quando a pessoa não quer ser melhor do que os pais no nível profissional, intelectual ou afetivo. Há o temor de que, se ela os ultrapassar, correrá o risco de perder-lhes o amor. Freud estudou bem esse medo.

A fase social: medo do ostracismo

Se o desejo for suficientemente forte para ultrapassar esse medo, há a busca de outro espaço, outro lugar de identificação: o social. Há a busca de uma forma que corresponda à imagem que a sociedade apresenta como sendo a de um homem ou a de uma mulher ideal, de bem.

Esse fato é relativo. O que é considerado "bem" em uma determinada época pode não o ser mais em outra. O que é "bem" em um determinado país nem sempre o é em outro. Há um grande medo a ser atravessado, chamado de *medo do ostracismo*: o temor da exclusão, de ser rejeitado pelo grupo, de não ser considerado normal, de não ser visto como uma "pessoa de bem" pelo meio onde se vive. Muitas pessoas ficam fixadas nesse medo, o que poderá conduzir a sofrimentos e doenças.

Ir além...

Esse conjunto de sofrimentos e doenças é chamado de normose: necessidade de, a todo custo, ser como os outros, sem escutar o próprio desejo. Quando não cumprimos o que a Informação Criadora pede de nós, adoecemos.

Podemos ter tudo para ser feliz segundo os critérios de determinada sociedade e, no entanto, no íntimo, sabemos que isso não é justo. A escuta daquilo que habita o mais profundo do nosso ser poderá ter consequências nem sempre agradáveis: talvez tenhamos que suportar o desprezo e, às vezes, a exclusão e o julgamento das pessoas que nos cercam.

Essa é uma situação muito difícil porque, caso ocorra o conformismo, o eu sucumbe. Por outro lado, se a pessoa é capaz de escutar o desejo profundo que a habita e de atravessar os medos envolvidos, logrará alcançar uma identidade pessoal: o poder de ser do eu.

Para algumas pessoas, como Freud, essa é realmente uma grande conquista porque pressupõe liberação da intensidade no confronto entre as instâncias do id e do superego. Então, pode-se acessar o próprio pensar, o próprio desejo, a própria palavra. Estar bem adaptado a uma sociedade doente não é sinal de saúde.

O objetivo de algumas terapias se resume em capacitar a pessoa ao processo de socialização, de ajustamento social: ser capaz de ter um bom trabalho, de ter relações sexuais agradáveis, de ser alguém bem reconhecido na sociedade. Entretanto, poderemos descobrir que isso não é suficiente; que isso não constitui o propósito do ser humano.

O chamado do *Self*

Tornar-se uma pessoa é um caminho. O desejo segue sua rota dentro de cada um, trata-se de ir ao encontro da identidade transpessoal. Não basta ser apenas eu, um ego.

No entanto, é importante não confundir o transpessoal com o pré-pessoal. Alguns podem confundir a transcendência do ego com um estado regressivo, um retorno a um estado anterior ao ego, ou seja, regressão para *aquém* do ego.

É fundamental termos um ego bem estruturado, base sempre necessária.

No interior de cada um de nós podemos sentir o chamado do Self. Através das experiências do *numinoso*[3], descobrimos que

---

3. Numinoso: experiência que constela, ao mesmo tempo, maravilha e terror, sublime encantamento e estremecimento.

existe algo maior do que nós mesmos, algo mais inteligente e mais amoroso do que nós mesmos. Contudo, o medo de enlouquecer, de perder o ego, de perder o que foi construído no ambiente das relações parentais, familiares e sociais também está presente.

Observa-se, novamente, o mesmo processo de morrer e de renascer; de passar de um plano de consciência para outro, rumo à identidade do puro *Eu sou*, o tetragrama sagrado – YHWH –, a própria fonte do *ser*. Isso pressupõe atravessar o medo de perder os arquétipos, ou seja, perder as grandes imagens que nos habitam e que habitam as grandes religiões do mundo, fonte de inspiração.

Além do bem e do mal
Devemos ir além dessas imagens do Bem e de Deus. Novamente, surge o medo e, ao mesmo tempo, a angústia de perder a realidade absoluta – que nunca se perderá. O que temos a perder são ilusões, imagens de Deus, imagens de nós mesmos, imagens que construímos do que seria um homem ou uma mulher bem adaptados. A realidade, em si, é impossível de ser perdida.

Há em nós identificações que podem ser fonte de normoses, de neuroses e de psicoses. Podemos falar da psicose recorrendo à imagem dos degraus da escada que se quebraram, ou que faltaram.

Eu penso, por exemplo, numa pessoa que conheci num hospital psiquiátrico em Estrasburgo. Ela tinha cerca de cinquenta anos de idade e passava o dia inteiro chupando o dedo. Num determinado momento, ela se sentou sobre um muro e, diante do espanto geral, falou como o Evangelho, como o Bhagavad Gita[4], como uma porta-voz dos grandes textos de sabedoria. Era como se ela

---

4. Bhagavad Gita: o Cântico do Senhor, um trecho central do grande épico hindu, o Mahabarata, em que Krishna, o Self, transmite a ciência perene do Yoga ao guerreiro Arjuna, o ego.

tivesse passado de uma fixação em um estado oral para tornar-se canal de uma elevada mensagem transpessoal.

Entretanto, entre o sábio e a pessoa num estado de regressão faltava todo um degrau intermediário, havia uma lacuna total. Após ter falado e transmitido sua mensagem, foi como se um interruptor tivesse sido desligado: essa pessoa voltou a chupar o dedo e não conseguimos mais nos comunicar. Era como se o plano social, a relação com o outro, tivesse se tornado impossível.

Esse é um caso de esquizofrenia, algo muito doloroso: quando duas partes dentro de nós mesmos, quando dois níveis do nosso ser tornam-se completamente estranhos um ao outro, não se reconhecendo nem se comunicando mais.

As neuroses são mais bem conhecidas. São evocadas nos níveis oral, anal e genital como fixações em determinados momentos de nossa vida, quando temos certo número de memórias que ali nos prendem. E o trabalho da terapia será de reencontrar o momento traumático a fim de desatar o nó para que a energia da vida possa voltar a circular.

Descobrir, por exemplo, que a sexualidade não é apenas a genital. A libido, quando passa pelo coração, torna-se sexualidade humana, não apenas sexualidade mecânica ou animal, e transforma-se em amor. Porém, muitas vezes, existem fixações que impedem esse processo. Nesses casos, convém localizar as imagens que os pais tinham dessa pessoa, identificando se as fixações seriam em nível de neurose ou de normose.

Uma distinção entre neurose e normose

Há neurose quando não podemos impedir a nós mesmos de fazer o que o programa parental diz dentro de nós. Às vezes, acontece o discurso inverso. Uma mulher pode dizer: *Eu não quero parecer com minha mãe!* E, quanto mais reafirma isso, mais ela se

Simbólica evolutiva da árvore, extraída do livro, organizado pelo Groupe 21: *O homem do futuro: um ser em construção*. São Paulo: USP/Triom/ Escola do Futuro, 2001

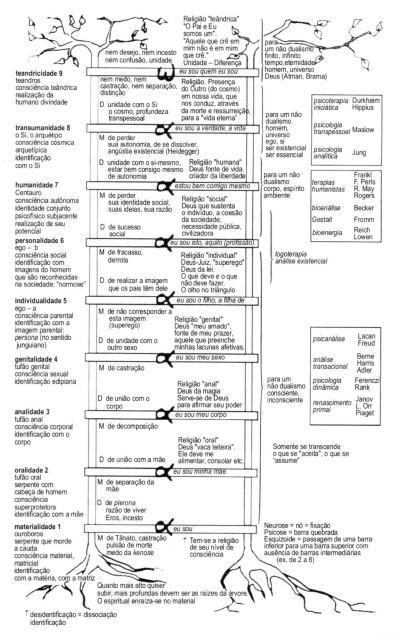

parece com a mãe. Pode, também, ocorrer justamente o contrário. Não há liberdade diante dessa imagem.

No nível da normose é a mesma coisa. Não se trata de dizer que o programa, a visão ou o desejo que os pais têm sobre nós são ruins. Trata-se de libertar-nos disso e não esquecer de ficar à escuta do desejo íntimo que nos habita. Esse é o desejo da Vida, do vivente que, na tradição cristã, é chamado de *vontade de Deus*: a vontade de me tornar o que realmente sou para ir além de mim mesmo, para me unir ao próprio *Ser*.

Entretanto, isso supõe uma travessia pelos medos de não agradar ao papai e à mamãe se desobedecer, de não ser um bom menino, uma boa menina, o temor de não ser amado e ser excluído.

O medo da própria grandeza

Se avançarmos um pouco mais e lograrmos a diferenciação em relação aos pais, o desafio será o de começar a nos diferenciar das imagens de homens e mulheres que a sociedade incrustou em nós. Nessa etapa, surge o que chamamos de *Complexo de Jonas*: o medo da própria grandeza, da dimensão espiritual do *ser*. É o medo do *Self*, o medo de ser Deus; de deixar Deus ser em nós.

Em Jonas também encontraremos o medo do perdão, ou seja, medo de ser capaz de viver a bondade e a capacidade de amar, que chamamos de Deus. Existe o combate interior entre a exigência de justiça e de verdade e uma realidade que é maior do que a verdade e a justiça.

Além de Deus

O arquétipo de Jonas nos ensina que, se escutarmos o que habita nossa profundeza, teremos que ir além da bela e santa imagem que fazemos de nós mesmos e de Deus. Estaremos correndo o risco de descobrir que Deus não é justo, bom e amoroso como acreditávamos.

Surge o medo de sermos hereges, excluídos da nossa religião e sermos rejeitados pelos próprios irmãos. Isso nos mantém no conformismo religioso, social e familiar.

Dessa maneira, toda normose nos impede de estar em paz conosco e de sermos fiéis ao desejo que nos habita. Focalizaremos novamente este assunto quando falarmos sobre o *Complexo de Jonas*.

3
Três fundamentos da normose
Roberto Crema

Iniciarei com uma parábola familiar. Quando minha filha Isabela tinha cinco anos – isso consta de seu álbum de memórias –, sua mãe lhe perguntou: *"Bela, qual a princesa que você mais gosta? A Cinderela, a Branca de Neve ou a Bela Adormecida?"* Ela pensou um pouco e respondeu: *"Eu gosto de todas as que desmaiam!"*

Faço aqui um elogio aos que desmaiam. De fato, há certas pessoas que têm a capacidade de sentir, na própria pele, as contradições que uma maioria não sente. Há certa nobreza, certa realeza nos portadores desse dom. Talvez seja isso o que faz uma princesa e um príncipe. Às vezes, precisamos ser suficientemente humanos para sermos capazes de desmaiar. Desmaiar por uma dor que não é a nossa dor, chorar por uma infelicidade alheia. E, por isso, pretendo falar de três fundamentos da normose.

1 O fundamento sistêmico

O primeiro fundamento é o sistêmico. A normose surge quando o sistema se encontra dominantemente desequilibrado e mórbido. Então, ser normal passa a ser ajustar-se à patologia reinante mantendo, assim, o *status quo*. Neste contexto, a pessoa realmente saudável é a dotada da capacidade de um desajustamento justo, de uma indignação lúcida, de um desespero sóbrio. Trata-se de ser capaz de desmaiar...

É por isso que eu respeito muito pessoas que sofrem de pânico e outros sintomas que expressam algo óbvio que os normóticos são incapazes de sentir. Tantas pessoas que desmaiam me procuram... E quando eu sinto o peso dos dias, como dizia Camus, às vezes eu me consolo, inspirando-me em algumas pessoas que desmaiam, não por si mesmas, mas pela nossa ferida humanidade.

Estamos presenciando uma crise de *quase extinção* de nossa espécie. Neste momento, na África do Sul, em Joanesburgo, centenas de representantes de países se encontram em torno do evento *Rio mais 10*[5], simplesmente para constatar uma escandalosa evidência: a situação ambiental está bem pior do que há dez anos!

Conforme Ed Ayres[6], num artigo da respeitável revista *World Watch*, encontra-se em curso uma extinção em massa das espécies, pior do que a que determinou a extinção dos dinossauros há milhões de anos. Alguns já falam em *Armagedon ecológico*. O mais incrível é o fato de a maioria das pessoas não se importar, como se nada disso lhe dissesse respeito... Nesse sentido, o normótico é a pessoa que não vê e não responde ao óbvio!

O grito da inocência

Entre tantos sintomas de nossos descaminhos, como as guerras, a exclusão e a escalada da violência global, o que mais me toca é o da violação contra a inocência, contra a infância. Terapeutas, que deveriam cuidar, violam; sacerdotes violam, fazendo o papa chorar; babás, como vimos recentemente nos noticiários, espancam as crianças pelas quais deveriam zelar. Há alguns dias, li uma repor-

---

5. *Rio mais 10*: encontro mundial realizado em setembro de 2002, na África do Sul, com o objetivo de avaliar os avanços ocorridos desde o encontro "Cúpula da Terra" de 1992, no Rio de Janeiro.

6. Ed Ayres é diretor da revista *World Watch* – bimestral, publicada pelo World watch Institute em 30 idiomas (no Brasil é publicada pela Universidade Livre da Mata Atlântica).

tagem sobre uma mãe que matou a filha. Crianças são sacrificadas em rituais satânicos, já na terceira geração, nos Estados Unidos. Crianças estão matando crianças e se matando, macabros sinais de tempos apocalípticos.

As crianças são as guardiãs da dimensão mais elevada e sagrada; são cânticos e poemas da vida. Quando a inocência é violada de forma tão escandalosa, talvez seja a indicação de que o sistema se encontra em estado de quase colapso.

Portanto, do ponto de vista sistêmico, falamos em normose quando o que prevalece é o desamor, quando o dominante é a falta de escuta, a falta de visão, a injustiça e a corrupção generalizada. Lembro-me de uma reportagem publicada numa revista muito popular em que um representante de partido político afirmou: "*Um político que diz não ser ambicioso ou é mentiroso, ou errou de ofício*".

O que mais me impressionou foi que, na edição seguinte, não houve nota alguma de protesto, nenhuma denúncia de contradição! Esse exemplo de cinismo da *normose política* bem expressa um contexto desolador, de falta de cuidado. É como se não pudesse existir um Nelson Mandela, um Dalai-Lama! Verdadeiros líderes que lutam por suas nações e pelo bem comum, com as mesmas armas brancas de Mahatma Gandhi: *ahinsa* e *satyagraha*, termos sânscritos que significam, respectivamente, *não violência* e *veracidade*.

Travessia da escuridão

Segundo a tradição hindu, há quatro ciclos cósmicos, denominados yugas. A primeira é a idade perfeita, *satya yuga*, idade da verdade, regida plenamente pela lei do Dharma, pela Ordem Justa. O ciclo seguinte é o *treta yuga*, em que um quarto do Dharma é perdido. Na *dvâpada yuga*, dois quartos da Ordem ainda é vigente. O quarto ciclo, *kali yuga*, é a idade da escuridão, equivalente à idade de ferro da tradição greco-romana. Nela resta apenas um quarto do Dharma, predominando a discórdia, a desintegração, a inversão valorativa e a ignorância existencial. Evidentemente, é essa a idade que estamos atravessando. É nessa idade que emerge a doença da normose.

De acordo como hinduísmo, estamos já em trânsito para a *satya yuga*. Nessa crise da crisálida, a lagarta já morreu e a borboleta ainda não nasceu. É quando se torna imperativo tratar da normose, patologia severa, revestida de normalidade. Quando a luz novamente prevalecer, na idade da verdade, então poderemos descansar... Nessa ocasião feliz não falaremos mais em normose, pois, então, a normalidade será muito desejável. Essa reflexão destaca a relatividade do conceito de normose, que emana de uma realidade sistêmica.

Portanto, se nossa família humana se extinguir, se o barco onde todos estamos afundar, não terá sido pelos psicóticos nem pelos neuróticos, mas pelos normóticos que fomos! O grande perigo atual, a grande ameaça global se chama normose. Precisamos de pessoas esquisitas, como as que eu estou vendo neste auditório e nesta mesa de palestrantes...

A beleza da diferença

O espanhol é sábio e honra esta palavra tão justa – *exquisito* – traduzindo-a como o que é raro, belo, especial, gostoso. Precisamos respeitar essa beleza, essa virtude, essa grandeza da esquisitice que se manifesta, às vezes, por meio de sintomas provenientes da própria saúde de uma pessoa não contaminada pela epidemia da normose.

Saúde não é ausência de sintomas. Às vezes, a saúde é ser capaz de chorar, de se agoniar, de se desesperar, ou seja, de sintomatizar. Assim, a normose aparece nos cenários contemporâneos como sendo, talvez, o maior perigo e o pior flagelo que nos envolve a todos neste planeta.

Lembro-me do belo poema de um poeta português, José Regis, uma contundente e sábia denúncia da normose:

> "Vem por aqui!" – dizem-me alguns com olhos doces
> Estendendo-me os braços, e seguros
>
> De que seria bom que eu os ouvisse
> Quando me dizem: "Vem por aqui!"
> Eu olho-os com olhos lassos,
> (Há nos meus olhos ironias e cansaços)
> E cruzo os braços,
> E nunca vou por ali...
>
> ...Não, não vou por aí! Só vou por onde
> Me levam meus próprios passos...
> Se ao que busco saber nenhum de vós responde,
> Por que repetis: "Vem por aqui"?
> Prefiro escorregar por becos lamacentos,
> Redemoinhar aos ventos,
> Como farrapos, arrastar os pés sangrentos,
> A ir por aí...
>
> Se vim ao mundo, foi
> Só para desflorar florestas virgens,
> E desenhar meus próprios pés na areia inexplorada.
> O mais que faço não vale nada.
>
> Como, pois, sereis vós
> Que me dareis impulsos, ferramentas e coragem,
> Para eu derrubar os meus obstáculos?...
> Corre nas vossas veias sangue velho dos avós
> E vós amais o que é fácil!
> Eu amo o Longe e a Miragem,
> Amo os abismos, as torrentes, os desertos...
>
> Ide! Tendes estradas,
> Tendes jardins, tendes canteiros,
> Tendes pátrias, tendes tetos,
> E tendes regras, e tratados, e filósofos e sábios.
> Eu tenho a minha Loucura!
> Levanto-a como um facho a arder na noite escura,
> E sinto espuma, e sangue e cântico nos lábios...

> Deus e o Diabo é que me guiam, mais ninguém.
> Todos tiveram pai, todos tiveram mãe;
> Mas eu, que nunca principio nem acabo,
> Nasci do amor que há entre Deus e o Diabo.
>
> Ah, que ninguém me dê piedosas intenções!
> Ninguém me peça definições!
> Ninguém me diga: "Vem por aqui!"
> A minha vida é um vendaval que se soltou.
> É uma onda que se levantou.
> É um átomo a mais que se animou...
>
> Não sei por onde vou,
> Não sei para onde vou,
> – Sei que não vou por aí!

Quem é capaz de dizer à normose, a essa larga estrada confortável e fácil: *Não! Eu não vou por aí!? Não, eu não vou fazer esse curso só porque tem mercado. Não, eu não me venderei; não sou "alugável", não sou objeto, não sou mercadoria!* Quem é capaz de passar de uma existência traída, vendida, perdida, para o que Jean-Yves denomina de uma existência escolhida, tecida, oferecida? Jurar para si mesmo: "*Vou fazer aquilo que meu coração me pede. Em vez de trabalhar para ganhar dinheiro, ganharei meu salário realizando minha missão*". Qual é o pai, qual é a mãe e o educador que orienta o seu jovem para seguir uma via com coração? Um poema meio torto brota de meu coração:

> Quando a normalidade mata
> e a loucura cura,
> orai por nós os que desmaiam,
> a nobreza aflita,
> a esquisitice santa!...

2 O fundamento evolutivo

O segundo fundamento, como Jean-Yves evocou muito bem, *é o evolutivo. Nós não nascemos humanos, nós nos tornamos huma-*

nos, afirmava Joseph Campbell[7]. O ser humano é um ser do caminho. Cada um se tornará um ser plenamente humano à medida que investir nos talentos que o Mistério lhe confiou.

Existe uma ilusão normótica, darwiniana, de que o ser humano evolui a partir do acaso e da necessidade, por mutações casuais e competitividade mecanicista em que o mais apto prevalece. Darwin não entendeu da evolução mais propriamente humana. Como bom naturalista, entendeu da evolução natural.

Na condição de um ser da natureza, são muito justas as pesquisas de base darwinista. Acontece que o ser humano é um vasto projeto que não se esgota em sua constituição física e em seus aspectos naturais. Há um gênio que habita além dos genes...O ser humano tem suas raízes no infra-humano, seu caule no humano, sua copa no trans-humano. Natureza e Mistério, raízes naturais e asas celestiais...

É grande ingenuidade considerar que um São Francisco de Assis é pura obra da mutação ao acaso e da seleção natural!... Como afirma Ervin Laszlo[8], criador e presidente do Clube de Budapeste, evidentemente mutações aleatórias e o teste da seleção natural seriam incapazes de gerar espécies complexas. *Em relação ao ritmo e ao modo da evolução, a teoria clássica de Darwin está caindo por terra*, afirma Laszlo.

A evolução consciente

O ser humano introduziu no planeta nova qualidade evolutiva, que é a evolução intencional, consciente, voluntária. Uma pessoa evolui se quiser, se desejar, à medida que enveredar num caminho de individuação. Há que sair dos trilhos populares e vi-

---

7. CAMPBELL, J. *O herói de mil faces*. São Paulo: Cultrix/Pensamento, 1988.
8. LASZLO, E. *Conexão cósmica*. Petrópolis: Vozes, 1999.

ciados da normose para as incertas e criativas trilhas evolutivas, onde enfrentará seus medos, atravessará muitos portais e, em algum momento justo, florescerá com vigor, ternura e poesia.

É uma grande aventura alguém se tornar humano, na qualidade de sujeito da própria existência, dotado de um semblante único, assumindo a autoria de seus passos. Realizando, assim, a promessa inerente ao seu Mistério. Fazer render os talentos vocacionais é o que caracteriza um existir pleno. Para isso nos convocamos a existir; para trazer alguma novidade, um canto novo, uma dança nova... Não nascemos para morrer, nascemos para *ser*.

Muito além de Darwin

Assim é que, na proposta do Colégio Internacional de Terapeutas (CIT), compreende-se uma pessoa em boa saúde como a que aliou suas raízes às asas, a que logrou uma plenitude, tornando-se inteira, íntegra, total. Referimo-nos a dois arquétipos de seres humanos plenamente saudáveis, aliando Ocidente ao Oriente, dois ícones indicativos da realização total do potencial da espécie: Cristo e Buda.

Essa proposta pode amedrontar muitos, justamente os que sofrem do que Maslow[9] denominou de Complexo de Jonas, abordado por Jean-Yves. Considero um sinal maravilhoso que, numa pesquisa feita nos Estados Unidos, Francisco de Assis tenha sido considerado o ser humano do milênio. No fundo, às vezes de forma inconsciente, sabemos que esse é o projeto humano, grandioso e esquecido.

É frequente a pessoa ser nomeada em função do santo do dia. Não será um sintoma do desejo reprimido de realização suprema, um lapso que fala do recalque do mais elevado que nos habita? O ser humano é uma câmara nupcial onde todos os reinos podem se

---

9. MASLOW, A.H. *Diário de negócios de Maslow*. Rio de Janeiro: Qualitymark, 2003.

aliar em fecundas bodas. Onde o próprio universo pode aprender a se conhecer, a se saborear, a se amar.

Vós sois o sal da terra...

É espantoso o que Cristo dizia a cada um de nós, como arquétipo de um educador, terapeuta, político e líder na qualidade de excelência total. Como afirma Ken Wilber, numa entrevista recente, na alienação dos tempos críticos que atravessamos necessitamos de um Cristo, de um Buda, na política, na economia, na liderança internacional.

Vós sois o sal da terra... O sal é a substância milagrosa que dá a cada coisa o gosto que cada coisa tem. Então, o ser humano é esse espaço onde o reino mineral, o reino vegetal, o reino animal, o reino supra-humano poderão se saborear, se saber, dançando a melodia da inteireza. Herança da utopia que encarnamos.

Enfim, se quisermos compreender a evolução humana, ao lado da abordagem de Darwin e de seus seguidores, precisamos complementar nossos estudos com as pesquisas de Plotino, de Jacob Boehme, de Pietro Ubaldi, de Teilhard de Chardin, de Gurdjieff, de Ouspensky, de Shri Aurobindo, de Rudolf Steiner, de Carl Gustav Jung, de Joseph Campbell, de Graf-Dürckheim, de Ken Wilber e, naturalmente, de Pierre Weil e de Jean-Yves Leloup, entre outros.

Uma pedagogia da bênção

Quando introduzimos em nossas abordagens a perspectiva evolutiva, estamos diante da premente necessidade de resgatar e desenvolver, para os tempos atuais, uma *pedagogia iniciática*. Ou seja, uma proposta pedagógica que inicie o ser humano na tarefa essencial de se tornar plenamente humano. Que facilite o investimento no vasto e esquecido potencial da subjetividade, da interioridade, do reino do coração.

Uma pedagogia da bênção, na qual o educador abençoará cada aprendiz: *Eu o abençoo, você é um ser humano! Você foi aceito pela vida. Quem sou eu para o recusar? Quem sou eu para lhe dar notas? Quem sou eu para o julgar? Eu o abençoo, você é um ser humano único, dotado de um semblante! Você é um mistério indecifrável. Você é portador de uma chama, e você pode fazê-la brilhar. Não se esqueça nunca: Você é um ser humano!*

Se alguém já foi abençoado, uma única vez, poderá sobreviver, com dignidade, aos piores infernos. É porque não fomos abençoados, ou, pior, é porque fomos amaldiçoados por uma pedagogia normótica, a qual rotula torturando-nos com o método perverso da comparação, que perdemos a inspiração das boas palavras que estruturam e engrandecem. Precisamos resgatar essa ética da *diversidade e* da *não separatividade* que deveria existir em todas as escolas autênticas.

Foi a obra genial de Graf-Dürckheim que ousou conceber e desenvolver, no Ocidente, uma *terapia iniciática*, facilitando, por meio de uma via interior, que a pessoa evolua da prisão do ego ao reino do *ser*. Se necessitamos tanto dessa facilitação é porque as escolas não estão cumprindo suas tarefas mais básicas e imprescindíveis. Podemos dizer o mesmo em relação à religião, que deveria iniciar o ser humano na chama do *sagrado*, na reverência à *vida*. Como nos lembra Bob Walter[10], presidente da Fundação Joseph Campbell, das 35 guerras que transcorrem atualmente, 33 têm causas religiosas!

Pedagogia iniciática e terapia iniciática: Unipaz e CIT

Assim, nós falaremos aqui de uma espiritualidade transreligiosa, convidando todos a vivenciarem uma pedagogia iniciática

---

10. Bob Walter: afirmação feita numa palestra proferida no Uniceub, em 06/08/2002.

já implícita nos programas educacionais da Unipaz, a exemplo da Formação Holística de Base, de A Arte de Viver em Paz e da Formação Holística de Jovens. São convites para que a pessoa se coloque num caminho de realização, de atualização de seu potencial de plenitude.

Enquanto a Unipaz propõe uma pedagogia iniciática, o Colégio Internacional dos Terapeutas (CIT) cumpre a função de inspirar e agregar os diversos representantes das terapias iniciáticas indicadas por Pierre Weil em seu livro mais recente, *Os mutantes*. Esses dois organismos conspiratórios, Unipaz e CIT, se olham, se complementam, se abraçam: *a educação e a reparação*, a via educacional e a via terapêutica realmente irmanadas.

Estamos respondendo ao apelo da Organização Mundial de Saúde que, há mais de vinte anos, fez uma convocação geral para que todos se transformem em agentes de saúde, pois o planeta inteiro está enfermo! Todos precisamos nos tornar terapeutas e agentes de uma educação para a Vida. Temos contas a prestar às novas gerações.

Saúde e plenitude

Quando alguém espirra, nunca deseje só saúde! Isso é quase uma miséria. Deseje sanidade, santidade, terremotos, encontros, aventuras... A saúde é apenas a retomada de uma condição higiênica básica para a pessoa se colocar no caminho evolutivo rumo à plenitude.

É triste constatar que, na celebração do aniversário, o que desejamos uns aos outros se reduz a *muitos anos de vida*. Por que não desejamos *muita vida nos anos?*... Não importa muito se viveremos alguns anos a mais ou a menos. O que realmente importa é que, em nossos dias, exista vida, que a brisa da essência areje nossos passos. Aqui nos deparamos com os votos de um verdadeiro mestre: *Venho trazer vida, e vida em abundância...*

Normalmente, ou melhor, normoticamente, apenas aspiramos a uma miséria suportável, como Freud postulava. Eis por que os antigos afirmavam que, quando quer nos castigar além da medida, a misericórdia do divino atende nossos pedidos...

Plenitude: uma ousadia imprescindível

Poucos são os que dizem como Domingos Sávio, discípulo de Dom Bosco, que logrou a plenitude de sua promessa com apenas quinze anos: "*Se não conseguir a santidade, nada terei feito neste mundo*". Um dia, até esse desejo terá que ser abandonado e transcendido. É nas suas asas, entretanto, que ascenderemos vastas etapas do processo iniciático, em que cada um terá que se transformar naquilo que realmente é. Como afirmou outro sábio esquisito: "*A única tristeza é a de não ser Santo*". Infelizmente, é muito raro alguém pedir por essa plenitude possível. Usualmente, só pedimos bobagens...

No entanto, estamos condenados à santidade. Como orava Agostinho[11], *Senhor, criaste-nos para ti, e nosso coração não tem paz enquanto não repousar em ti... Tarde te amei, Beleza tão antiga e tão nova, tarde te amei! Tu estavas dentro de mim e eu te buscava fora de mim.* Essa é a nossa herança de luz, o lar de onde viemos e para onde, no momento justo, retornaremos. Talvez por isso exista o *Dia de Todos os Santos*; o dia que nos aguarda a todos, em algum despenhadeiro da estrada... Como a palavra santidade se encontra muito impregnada do sentido religioso, talvez seja melhor substituí-la por plenitude, na proposta de uma espiritualidade transreligiosa.

Como afirmavam os antigos gregos: *Os deuses guiam aqueles que querem. Os outros eles arrastam!* Então, de forma livre e elegan-

---

11. SANTO AGOSTINHO. *As confissões.* São Paulo: Quadrante, 1989.

te, ou arrastados por pedregulhos e cascalhos, uma hora estrelada de realização plena está destinada a cada ser humano na alegria da busca ou aos trancos e barrancos. Pode não ser agora mesmo, pode não ser amanhã, pode não ser daqui a vinte mil anos...

Um dia, entretanto, teremos que assumir essa herança essencial que Tobias, um dos arquétipos do Antigo Testamento que habita as profundezas do potencial humano, foi buscar, guiado pelo arcanjo Rafael. E, por isso, esse é um livro muito importante para ser lido à luz de uma hermenêutica *leloupiana* no Colégio Internacional dos Terapeutas.

3 O fundamento paradigmático

O último fundamento é o da transição paradigmática. Alguns o indicam como Apocalipse, outros como Ponto de Mutação, ou como Portais 11:11, outros como Ventos da Transformação... Todas essas palavras apontam para este momento em que estamos transitando rumo a outra idade da consciência. Acontece que o mito esgotado ainda prevalece, dominantemente, enquanto um mito emergente desponta na fragilidade possante de tudo aquilo que nasce, trazendo o dom do novo.

Como afirmava Max Plank, segundo Thomas Khun[12] em seu notável livro sobre as revoluções científicas, um paradigma novo se implanta não porque os cientistas da antiga visão do mundo abrem mão, desapegadamente, das velhas certezas. Acontece que todos morremos... e uma juventude, com a mente aberta e receptiva, acolhe a nova ordem, o novo aprender a aprender. Felizmente, os ferrenhos equivocados também morrem e, de enterro a enterro, de berço a berço, **um** novo paradigma se implanta e floresce.

---

12. KHUN, T.S. *A estrutura das revoluções científicas.* São Paulo: Perspectiva, 1987.

É por isso que, nos períodos de transição paradigmática, a normose toma vulto intenso e espantoso, consistindo no apego ao velho mito, no fechamento e resistência aos novos horizontes que despontam. Num de seus livros, Carl Rogers se refere a uma fala vidente e contundente de Oppenheimer, na *American Pshycological Association*, em 1956. Nela, o eminente físico alerta os psicólogos de que, caso continuem aferrados a uma física ultrapassada, a psicologia se tornará obsoleta.

A normose do cientificismo

Os grandes representantes da ciência do século XIX, refletindo o espírito da época, postularam determinismos variados, centrados na competitividade. Darwin apontou para o determinismo biológico e a competição entre as espécies. Marx, para o determinismo econômico e a competição entre as classes. Freud, para o determinismo psíquico e a competição entre as potências psicológicas. Ninguém nos falou sobre a cooperação, a solidariedade, a fraternidade e a sinergia, estas virtudes perenes e imprescindíveis, que sempre foram cultivadas por meio de vias autênticas espirituais, naturalmente.

Eis um exemplo trágico e chocante: se você tiver uma experiência mística legítima, uma vivência de comunhão com a totalidade, que se traduzirá por uma qualidade de amor incondicional, e partilhá-la com um médico, um psicólogo, um psiquiatra convencional, eles dirão que você está doente, que necessita de tratamento. Para os representantes de uma *normose cientificista*, muito em voga, não existe a categoria do numinoso e do espiritual. Para eles, Cristo e Buda são ilusões, ou, pior, degenerações, um ópio do povo ignorante, ilusão e alienação patológica.

Essa normose caracteriza-se pela *unidimensionalidade* simplista e pela estreiteza da mente binária, que despreza e reprime todos os demais níveis de realidade, o domínio da complexidade e o que, na abordagem transdisciplinar, denomina-se de *Terceiro* Incluído.

Diante da cegueira ética e consciencial, deste abismo onde nos encontramos, precisamos ousar um salto qualitativo criando uma massa crítica para que, de fato, o novo paradigma se torne dominante. Estamos num momento natural e inevitável de confronto e, por isso, a normose adquire uma tonalidade pretensamente científica.

Uma normose binária, lógica da exclusão, certo fanatismo que idolatra um único nível de realidade, encontra-se na base do cientificismo. Na afirmação de Basarab Nicolescu[13], *a fonte da barbárie moderna não é a ciência, mas a proliferação anárquica da tecnologia e o predomínio do pensamento binário, o do* sim *ou* não. A abordagem transdisciplinar é uma resposta inesperada e sábia da própria ciência que, pelo reconhecimento de diversos níveis de realidade, abre-se para uma dimensão ontológica e para o sentido, resgatando a dimensão do sujeito. É a proposta de autêntico e premente diálogo com a tradição sapiencial e as outras formas de conhecimento.

O pacto do século XVII

Gosto de apontar para o que denomino de *pacto do século XVII*. Foi nessa ocasião que a idade moderna foi parida, com a emergência espetacular e criativa do racionalismo científico. Como existia um poder religioso despótico, que torturava e jogava nas fogueiras os dissidentes do paradigma dogmático aristotélico-tomista, os representantes da nova ordem tiveram que realizar uma negociação com a Igreja. Lembremo-nos de Giordano Bruno[14], que não

---

13. NICOLESCU, Basarab. *Ciência, sentido & evolução*. São Paulo, Attar Editorial, 1995.
14. Giordano Bruno: filósofo, astrônomo e matemático importante por suas teorias sobre o universo infinito e a multiplicidade dos sistemas siderais, em que rejeitou a teoria geocêntrica tradicional, ultrapassou a teoria heliocêntrica de Copérnico, que ainda mantinha o universo finito como uma esfera de estrelas fixas. Condenado e assassinado pela Inquisição.

compactuou, e de Galileu[15], menos impulsivo e mais razoável, que sobreviveu para prosseguir em sua notável obra.

Eis o pacto, em grandes linhas: cabe à ciência emergente o estudo e a pesquisa do mundo material, observável, quantificável, manipulável. Cabe à Igreja a função de cuidar da alma, da subjetividade, da ética, do espírito.

Não há dúvida de que a ciência fez um excelente trabalho. O mesmo não podemos afirmar em relação à Igreja, talvez pela repressão da mística e a predominância do fator institucional. O fato é que aquele pacto, que teve função lúcida naquela agonia de transição, tomou o estatuto de verdade, não se atualizando perante a dialética da história.

Um princípio equivocado e perverso de antagonismo entre ciência e consciência, entre matéria e espiritualidade, foi introduzido no cerne do paradigma moderno – reforçado pelo Iluminismo do século XVIII, com sua proposta de liberalismo, que surge para eliminar os horrores de uma religião desviada e pervertida e pelo cientificismo do século XIX, massacre da efetividade no tocante à afetividade, apanágio de uma razão imperialista e excludente, uma religião positivista e materialista, desidratada da subjetividade e da consciência, de todo o universo interior. A consciência de diferenciação, grande contribuição do racionalismo científico, degenerou-se em dissociação, como denuncia Wilber[16].

A repressão da maestria

É por isso que, em nossos livros convencionais de pedagogia, de psicologia, de psiquiatria, de administração e de liderança, não

---

15. Galileu Galilei: físico, matemático e astrônomo italiano, descobriu a lei dos corpos e enunciou o princípio da inércia. Acatou os ditames da Inquisição.
16. WILBER, K. *Uma breve história do universo*. Rio de Janeiro: Nova Era, 2001. • *Uma teoria de tudo*. São Paulo: Cultrix, 2003.

consta a maestria de um Buda e de um Cristo, citando apenas dois ilustres representantes de uma inteligência integral, do Oriente e do Ocidente. As gerações de um futuro mais íntegro e saudável custarão a acreditar que gerações e gerações de médicos, de psicólogos, de psiquiatras e de outros cuidadores não estudaram os mais eminentes representantes de todos esses ofícios, os expoentes educadores e terapeutas da humanidade.

Qual outro líder que, com apenas doze colaboradores, redefiniu a história de toda a humanidade, a exemplo do que Cristo realizou há dois milênios? Há um tratado de Clemente de Alexandria sobre o Cristo pedagogo. E há um ícone do século XIV do Cristo Psychosostes, representando-o como um médico e psicólogo pleno de sabedoria compassiva.

Cristo era agente de cura para o corpo físico, limpando a pele de leprosos e abrindo os olhos de cegos. De cura psíquica, pela profunda e eficaz psicologia do perdão, pelas parábolas sábias que resistem aos séculos, mantendo a frescura original. De cura noética, ensinando a terapia da bênção e da oração. Finalmente, de conexão com a essência da vida, colocando-nos em contato com quem Ele, na intimidade, denominava de Paizinho...

Buda, quando se iluminou, desvelou as quatro nobres verdades. A primeira afirma que existir implica sofrimento. Existir dói. Alguém aqui não sofre? Levante a mão alguém aqui que não quer ser feliz? Levante a mão. A segunda nobre verdade afirma que o sofrimento tem uma causa: o apego, a fixação e a identificação com o desejo. A terceira nobre verdade postula que, sendo assim, o sofrimento pode cessar pela transcendência do apego. A quarta nobre verdade indica *o caminho óctuplo* para atingir a cura e realização: o pensar correto, o falar correto, o atuar correto, o modo de existência correto, o esforço correto, a atenção correta, a concentração correta, a compreensão correta.

Como formidável terapeuta, Buda realizou um diagnóstico preciso, um prognóstico, propondo efetivo tratamento, que dá seus belos frutos numa linhagem de 2.600 anos, a exemplo do nosso popular Dalai-Lama.

Em razão da normose academicista, esses grandes homens e mulheres, que demonstraram o alcance majestoso da capacidade humana de florescer, não são merecedores de estudo científico.

Como desenvolveram, além da razão, a plenitude da inteligência do coração e da consciência noética, dando testemunhos belos e paradigmáticos de amor e de fraternidade total, foram banidos das escolas, universidades e academias, que apenas reconhecem os gênios menores.

O absurdo maior dessa alienação normótica consiste em constatar que o imperativo óbvio para superarmos a *megacrise* que vivemos é justamente o de orientar nossa razão instrumental pela sabedoria do coração. Este espaço de onde emana a ética, e os valores perenes do Amor e da Compaixão.

Plenos e autênticos Terapeutas

É triste observar que, em função de um pacto esclerosado, os seres humanos que se devotaram ao desenvolvimento pleno da subjetividade, da dimensão interior, da capacidade de amar e de se doar, encontram-se totalmente marginalizados, banidos de uma pesquisa aberta e rigorosa. Enclausurados em mosteiros, templos, conventos. E em outras sombrias instituições que, aproveitando-se da miséria essencial, utilizam-nos num mercado mafioso e próspero. É tão óbvio que até dói...

No CIT, quando queremos mencionar o arquétipo de um terapeuta em sua plenitude, nós não hesitamos em apontar para a realidade crística e búdica, embriões de humanidade total no interior de cada ser humano.

Eis a importância da questão paradigmática, essa revolução conceitual, valorativa e atitudinal que transcorre, indicando que algo está morrendo, algo está nascendo. Acontece que, geralmente, as pessoas querem renascer e ninguém quer morrer! Frederick Perls[17] afirmava: *Consentir a própria morte e renascer não é fácil.* Ele conclui sua autobiografia, *Dentro e fora da lata de lixo*, indagando: *Será que algum dia aprenderei a confiar totalmente em mim?* Só quando abrimos espaço para o Totalmente Outro é que se torna possível consentir na morte, renascendo confiantemente no coração do Instante, na alquimia do Grande Encontro.

O novo pacto

Gosto de pensar que a abordagem transdisciplinar holística tem o valor de um *novo pacto*. Representa o encontro inusitado da inteligência analítica com a sintética, o diálogo heurístico da ciência com a consciência. Nesta visão inclusiva e escuta ampliada são reconhecidos, respeitados e articulados os diversos níveis de realidade, com suas lógicas intrínsecas e próprias, num universo de complexidade que se abre para o Terceiro Incluído.

Nicolescu[18] afirma uma zona de não resistência e de transparência que corresponde ao *sagrado*, esta categoria essencial completamente desprezada e reprimida pela *unidimensionalidade* estreita e patogênica do cientificismo. Quanto à total urgência desta atualização de paradigma, seu brado é contundente: *Amanhã será tarde demais!*

Caminhe um pouco mais firme!

Portanto, a normose possui fundamentos de três ordens: o sistêmico, o evolutivo e o paradigmático. Todos convergem para esse

---

17. PERLS, F. *Gestalt-terapia explicada*. São Paulo: Summus, 1969. • *Escarafunchando Fritz*. São Paulo: Summus, 1979.
18. NICOLESCU, B. *O manifesto da transdisciplinaridade*. São Paulo: Triom, 1999.

momento que nós vivemos, que nos convoca a uma escuta generosa, um olhar aberto, posto nessa tocha de humanidade vasta, que cada um de nós recebeu de nossos pais. E que precisamos passar, com a maior dignidade possível, para as gerações seguintes.

Gosto de lembrar de um simpósio sobre *As Crianças do Trauma*, coordenado por Christina Grof, num congresso internacional de abordagem transpessoal. Uma terapeuta americana, filha de pai europeu e de mãe indígena, cujo nome já não me lembro, levantou sua voz sonora afirmando o que se segue, num exercício livre de memória:

> Pertenço a uma família em que, em três gerações, as mulheres suicidaram-se no mesmo dia, na mesma hora, do mesmo jeito. Eu não tive bisavó, eu não tive avó, eu não tive mãe. Eu fui violada física e emocionalmente. Encontrava-me totalmente perdida quando eu encontrei alguém. Era um homem que não tinha nenhum diploma; era representante de uma sociedade nativa. Ele olhou nos meus olhos e disse: "Ninguém pode machucar seu espírito, exceto você!" E tudo o que eu sei, aprendi com esse homem. Depois eu fiz um Ph.D. para vocês me escutarem.

Ela terminou sua palestra contando um poema que uma pequena criança, uma menininha, fez para sua mãe:

> Uma menina, no caminho simples, disse à sua mãe:
> Estou seguindo suas pegadas, mãe, e não quero cair.
> Algumas vezes eu as vejo nitidamente.
> Outras, mal posso enxergá-las.
> Caminhe um pouco mais firme, mãe!
> Para eu poder lhe seguir.
>
> Eu sei que há muitos anos você percorreu caminhos
> Que não queria percorrer.
> Conta-me tudo sobre esse tempo, mãe,
> Pois eu preciso saber.
> Porque, às vezes, quando eu duvido,

> Eu não sei o que fazer.
> Caminhe um pouco mais firme, mãe!
> Para eu poder lhe seguir.
>
> Um dia, quando eu crescer,
> Você é quem eu gostaria de ser.
> Então, terei uma pequena garotinha
> Que vai querer me seguir.
> Eu quero poder saber conduzi-la à verdade!
> Caminhe um pouco mais firme, mãe!
> Para eu poder lhe seguir.

Esse momento nos clama para *caminhar um pouquinho mais firme*, só isso. Ser cada dia um pouco menos terrorista, um pouco menos mentiroso, um pouco mais transparente, um pouco mais amoroso. Essa mística de Santiago de Compostela, do qual sempre nos fala Jean-Yves Leloup, consiste em apenas dar o passo seguinte, de forma atenta e confiante.

Nossos jovens estão nos observando. Eles necessitam de menos discursos e de mais testemunhos. É preciso ousar ser ativista da transformação, inspirando e conspirando pela proeza do Lótus, que surge do lodo e o transmuta em flor. Talvez esse seja o maior desafio dos tempos em que vivemos: transmutar o lodo da normose, do comodismo, da estagnação evolutiva e da perda dos valores perenes e do sagrado numa flor de consciência, de amor e de solidariedade.

PERGUNTAS E PARTILHAS

1 Sobre o medo

Pior do que se descobrir um normótico, é não conseguir romper a barreira do medo. Quais são os caminhos?

Roberto Crema

O que eu posso indicar, inicialmente, é o que considero um *metaprincípio,* um princípio de princípios, que se encontra na fonte mesma do sofrimento e do temor. Eu o aprendi em meu primeiro e definitivo encontro com Pierre Weil.

Na época, no início da década de 1980, estava atravessando uma crise de passagem, em minha existência. Alguma coisa me oprimia, andava me faltando o ar. Estava sendo um analista didata, da escola transacional, com diversas formações em outras escolas da psicologia humanística, quando recebi um *folder* que falava de um *Cosmodrama,* orientado por um psicólogo franco-brasileiro, do qual já tinha ouvido falar. Pensei, decidido: *Está na hora de conhecer esse tal de Pierre Weil!*

O que se passou, quando olhei nos olhos azuis de Pierre, pela primeira vez nesta existência, foi imediato e impactante, alheio a qualquer explicação de meu repertório da época. Entrei num natural estado alterado de consciência. Ou seja, foi esquisito *pra chuchu*!...

Com a mente atenta, aberta e contemplativa, ouvi aquele sereno professor afirmando algo, para mim bombástico: que ele nos apresentaria a raiz de todo sofrimento humano. Foi quando Pierre traçou um esquema, constelando apenas três palavras:

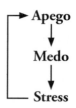

Neste instante, uma ficha desabou em minha consciência, um relâmpago iluminou-me interiormente. Compreendi, num só lampejo, o que estava oprimindo meu peito, a causa de minhas aflições. Estava acompanhado de um amigo, também analista transacional didata, que testemunhou a metanoia inusitada que eu vivi, sobretudo a partir desta elucidação. Posso dizer que este foi um marco em meu processo evolutivo. Jamais voltei a ser aquele jovem que entrou, angustiado, naquela sala. Foi uma surpresa bastante chocante, especialmente para minha mulher, que viu um homem qualitativamente diferente retornar, em muitos sentidos, à sua própria casa...

Tive que reescrever o livro que estava escrevendo, nesta ocasião, *Eu, nós e o cosmo* (Brasília: H.P. Mendes, 1982). Há 22 anos, desde então, que pesquiso e constato a validade deste metaprincípio, a patologia das patologias, em minhas experiências pessoais e relações profissionais.

A tarefa de Pierre, na verdade, foi a de atualizar, com palavras da psicologia contemporânea, uma pérola da sabedoria perene. Encontrada nas vozes de todos os terapeutas supremos, como Buda, Cristo, Krishna, Nagarjuna, Lao-Tsé, entre outros.

O apego é a identificação com um desejo. Quando nos identificamos, seja lá com o que for – ideia, posse, pessoa, cargo, *status*... –, nós tememos perder, o que determinará *stress*, e toda sorte de enfermidades decorrentes. Eis um círculo vicioso, que todos podem constatar, no laboratório da própria existência.

O oposto do amor é o temor... Advindo dos apegos, naturalmente. Há apegos físicos, psíquicos e noéticos. Diga-me o tamanho de seus apegos e eu lhe direi o tamanho de seu sofrimento.

Agora, a grande questão que se coloca é: Como transcender os apegos? De onde vêm os apegos? Como deixar de temer e de sofrer?

A mente binária tende a responder: pelo desapego, naturalmente. Acontece que o desapego é outra forma de apego, um apego ao desapego!

O apego decorre do que Pierre Weil denomina de fantasia da separatividade. Esta normose primária, do paraíso perdido, é que nos leva ao sentimento de abandono e de desvinculação. Como dizia Sartre, somos lançados num mundo sem sentido. Assim, *a angústia é o espanto do homem diante do absurdo da existência*, na abordagem sartreana.

Na medida em que vivemos esta ilusão é que, de forma compensatória, buscamos nos apegos uma tábua de salvação, tentando livrar-nos deste sentimento de nulidade, de falta de sentido. E o circuito vicioso do apego reforça a ilusão de separatividade...

Portanto, é a partir da plena atenção aos apegos e pela conquista da consciência não dual, pelo despertar da consciência de comunhão, que superamos as armadilhas e artimanhas do apego. Na medida em que aprendemos a amar, nossos temores se diluem, gradativamente. A cura total do medo é a iluminação.

Jean-Yves Leloup

Não é preciso ter medo de ter medo. O medo é normal e o fato de aceitá-lo já o torna menos poderoso.

Como posso fazer para que meu desejo seja mais forte do que meu medo? O contrário do amor é o medo. Como posso desenvolver em mim esse poder do desejo?

Essa é a primeira questão: a fidelidade ao meu desejo mais antigo e depois aprofundá-lo por meio do estudo e da reflexão. É o que sempre nos disse Krishnamurti[19]: *por trás de todo medo há um pensamento e, por trás de todo pensamento, há uma memória.*

O medo é algo que está ligado ao nosso passado. É uma projeção do passado sobre o presente, daí a importância de estarmos atentos ao momento presente, de estarmos libertos das dores passadas e das projeções e descobrir o segredo do instante.

Se estivermos realmente atentos, alguma coisa daquele medo poderá se dissolver. Isso é bem exemplificado por uma imagem pertencente à tradição indiana: aquilo que achávamos ser uma serpente assustadora não passa de uma corda no chão... Ao constatarmos do que realmente se trata, podemos seguir caminho.

2 Sobre o paraíso perdido

Como uma mãe, que teve todos os medos que você mencionou, e ainda tem alguns, pode ensinar às filhas a não tê-los?

Jean-Yves Leloup

Eu também tenho todos os medos de que falei e coloco a mesma questão para mim: *Como não transmitir esses medos aos meus filhos?*

Como não acrescentar sofrimento ao sofrimento do mundo? Ele existe em nós mesmos, no outro, no mundo. Eis o primeiro passo: não acrescentar sofrimento a partir de pensamentos ou julgamentos, não projetar sobre os outros os nossos medos. Mais uma vez, é nosso passado que retorna e que se projeta não só sobre nosso presente, mas sobre o presente do outro, do nosso filho.

---

19. Jiddu Krishnamurti, mestre da consciência, nasceu em 1895, na Índia. Foi educado no contexto da Sociedade Teosófica e tratado como veículo de Maitreya. Aos 34 anos, dissolveu a Ordem da Estrela, recusando a relação de guru-discípulo, desenvolvendo um caminho único, morrendo em 1986. Alguns afirmam que ele foi, realmente, o Buda anunciado.

Como estar nesse estado de atenção e de vigilância? Trata-se de reencontrar em nós a confiança. A confiança é criativa. Se transmitirmos confiança ao nosso filho, ele poderá enganar nossa confiança, mas terá consciência disso. Da mesma forma, se ofereço confiança a um homem ou a uma mulher, e se esta for pura e sincera, se essa pessoa nos enganar, não o fará sem ter peso na consciência.

Talvez aquilo que nos tenha faltado seja um olhar de confiança pousado sobre nós. Quando isto nos falta, passamos a não confiar em nós mesmos e nos outros. O paraíso perdido é a confiança perdida.

Como reencontrar essa confiança?

Essa é a importância da experiência interior. A vida confiou em nós já que estamos existindo neste momento. Reencontrar essa Fonte de Vida que nos aceita da maneira como somos e que age por meio de nossos desejos nos quais devemos confiar. Nem sempre é fácil, pois há os olhares exteriores que duvidam de nós, mas a confiança é mais forte.

Se pudermos transmitir um pouco dessa confiança aos nossos filhos, creio que eles terão medos a atravessar, provas a superar, mas o caminho deles não será interrompido pelo medo. A confiança neles depositada será um incentivo fundamental para prosseguirem no caminho.

E a vida continua...

3 Sobre o suicídio: uma normose?

Vocês poderiam falar mais sobre a normose, na questão do suicídio?

Pierre Weil

O que a pergunta está me evocando é uma normose localizada em certas culturas. Como, por exemplo, a cultura japonesa e, atualmente, uma subcultura islâmica fundamentalista, em que se considera natural o suicídio em nome de uma causa. O culto do *harakiri* dos *kamikazes*, no Japão, que se suicidavam atacando navios aliados durante a guerra. E, agora, *kamikazes* islâmicos, que estão se suicidando, atacando e matando judeus em vários lugares de Israel. Isso é um suicídio normótico, pois, aplicando os critérios da normose: há um *consenso* de grande parte da população, por exemplo, da Palestina, de que isso é normal e até desejável; que, a partir deste suposto martírio, vai se ganhar o céu e um lugar ao lado de Alá. É patogênico porque mata o próprio sujeito e, também, outras pessoas inocentes. A mesma coisa pode-se dizer para os *kamikazes*.

Creio que se poderia estender essa noção de suicídio, embora com outro nome, a todos os heróis das grandes guerras, que se sacrificaram em gestos fatais de bravura. Por exemplo, durante a resistência, a luta em guerrilhas, onde chefes, comandantes e líderes iam à frente da batalha, arriscando suas vidas para atacar e vencer. Às vezes, isto é uma forma de suicídio heroico, em nome de uma causa.

Isso é o que me ocorre, neste momento, em relação a este tema inusitado.

Lembro-me, também, de uma outra forma de normose, próxima à do suicídio: a tradição do duelo, no século passado. Assim como, atualmente, a guerra é considerada normal, existindo até mesmo o conceito jurídico de guerra justa, quando se pode matar cruel e legalmente, o duelo já foi considerado normal e legítimo.

Nos dias de hoje, o duelo é considerado ridículo. No entanto, no século passado, era um hábito normótico, porque havia um consenso aceitando e recomendando que, se uma pessoa fosse ofendida moralmente por outra, poderia escolher as armas e convocar seu agressor para um duelo no dia seguinte, com testemunhas. Assim, um teria que matar o outro, ou ser morto. Era uma espécie de homicídio-suicídio considerada como normal. Novamente, usando o critério: havia um consenso, ou seja, era uma norma social. Só que essa norma era insana, patogênica, levando seus praticantes à morte e ao assassinato.

Jean-Yves Leloup

Essa questão me desperta algumas recordações dolorosas. A primeira recordação está ligada ao meio psicanalítico francês, onde se observava que, em torno de Jacques Lacan[20], havia muitos suicidas. Lembro de um analista que me dizia: *O suicídio é um sinal de que a análise foi bem-sucedida...* pois a vida não tem sentido se não superarmos as fantasias e as projeções. A partir da análise revelamos todas essas fantasias e essas projeções e ficamos face a face com o absurdo da existência. Dentro deste contexto, o suicídio pode ser considerado um ato de coragem, um fim a essa existência absurda. Essa questão também poderia ser abordada no caso da eutanásia. Por que prolongar uma vida de sofrimentos, se essa vida não tiver sentido?

Dessa maneira, reencontramos aqui certa noção de normose, em função da imagem do homem que postulamos. De acordo com a visão que temos do ser humano, o sentido da vida e da morte pode mudar.

Se crermos, verdadeiramente, que existe apenas esta existência material e mortal, que é absurda, então o suicídio passa a ser algo normal, uma normose, a eutanásia ativa passa a ser algo desejável. Isso pode indicar uma normose médica e psicanalítica. Como para

---

20. Jacques Lacan, psicanalista francês, que fez uma releitura da obra de Freud, afirmando um campo Outro, a lógica do significante, a Estrutura como Real, Imaginário e Simbólico, num estilo e hermetismo metodológico que contesta a psicanálise ortodoxa.

esse tipo de profissional não existe nada além da existência mortal, refletir que a vida pode ter um sentido e que o absurdo não terá a última palavra soa muito anormal, é uma espécie de loucura.

Qual é nossa imagem do ser humano? Será que o homem é apenas essa montagem mecânica, esse conjunto de átomos? Esse composto que um dia se decomporá? Restará alguma coisa, quando nada mais restar?

A visão do ser humano é diferente para cada um. É importante identificar quais as consequências que essa visão pode ter em nossas existências concretas, e constatar que o suicídio pode ser a consequência de uma certa filosofia do absurdo, uma certa representação do ser humano que não está aberta a um sentido.

O segundo momento doloroso foi quando, na Palestina, eu vi uma mãe colocar um colete cheio de bombas em seu próprio filho, um jovem de 15 anos. Ela lhe dizia que aquilo era pela honra da nação, pela honra da religião. A partir de um desvio da via mística, é a pulsão de morte que desliza e penetra por trás das palavras religiosas.

A história do catolicismo nos apresentou algumas vezes, escondidos por palavras nobres, instintos necrófilos ocultos que vieram à tona sob a forma de flagelações e alguns tipos de mortificação. Eu diria que é uma vitória da pulsão de morte. A questão é: *Será que somos necrófilos? Será que amamos a morte sob qualquer uma de suas formas?* O suicídio, assim como a degradação, toma diferentes formas...

Será que somos *biófilos*? Será que nosso amor pela vida é mais forte que nosso amor pela morte?

A forma como respondemos a essas perguntas, que não são meramente intelectuais, pode determinar nossa existência. Existe a morte e existe a vida. Muitas vezes, sentimos essa pulsão de morte nos penetrar. O suicídio não está longe, e ficamos buscando pretextos, muitas vezes religiosos, mas em nome de qual Deus? Será que é um Deus que atira, que mata, que destrói? Ou será que é o Deus da Vida, do Amor?

Talvez pudéssemos ir um pouco mais longe, e não nos apressarmos em dizer que nosso Deus é o Deus dos viventes. Talvez exista uma realidade que contenha a vida e a morte. Não conhecemos os segredos da pessoa que se suicida e, por essa razão, não podemos julgá-la. Como Pascal, poderíamos dizer que as pessoas se suicidam porque aspiram à felicidade. Quando a vida se torna demasiado dolorosa e insuportável, a pessoa pode querer eliminá-la pelo desejo de ter mais vida dentro dela.

No entanto, não podemos generalizar. Quando acompanhamos pessoas em fase terminal da existência, que pedem para interromper os tratamentos, nem sempre isto significa uma ordem de suicídio. Talvez, nesse processo, a pessoa esteja buscando, por meio da morte, algo que seja maior do que a própria morte – é preciso ter discernimento.

Todos nós temos que viver uma morte simbólica, a morte do ego, e é apenas com a morte do ego que a vitória do Self pode se dar. Cada um de nós deveria colocar-se à escuta desse combate entre as pulsões de morte e de vida e perceber de que forma as nossas visões do ser humano ou nossas visões religiosas podem manipular nossas pulsões.

Visto nesse sentido, há um grande trabalho de esclarecimento e de lucidez a ser feito.

Roberto Crema

Concordo com o Leonardo Boff quando afirma que o suicídio é um mistério radical. De fato, é preciso ter uma abertura para se fazer a hermenêutica justa, buscando a compreensão, em cada caso específico, sem buscar uma fórmula geral. Assim como existimos de forma singular, podemos também colocar um final em nossas existências de uma forma única.

O que me toca muito é o índice crescente e alarmante do suicídio infantojuvenil. Recentemente verifiquei, numa pesquisa realizada nos Estados Unidos, que quarenta crianças se suicidam diariamente, neste país.

Lembro quando, num congresso holístico internacional, que aconteceu no Rio Grande do Sul, um educador iniciou sua fala sobre a abordagem transdisciplinar na educação dizendo: *Vou ler para vocês uma carta, que um menino escreveu para os pais, antes de pular da janela de seu apartamento: "Por favor, destruam as escolas!"*

É muito importante escutar o clamor da voz desse menino apontando para a normose. Uma normose educacional, que não acolhe a vastidão do ser humano, que não abençoa com uma palavra de vida os aprendizes. Aqui, na Formação Holística de Jovens e na Formação de Jovens Líderes, é muito tocante constatar como os jovens anseiam por falar, por refletir sobre as questões fundamentais da existência. E, por outro lado, ampliando um pouco mais o que ouvi do Jean-Yves Leloup, podemos falar de uma *normose analisicista*.

De fato, há uma diferença qualitativa entre um analista extremista do nosso tempo e a pedagogia de um Buda, que também apontou para o desejo, para quem deseja e para o sofrimento como um ponto fundamental. Assim como os analistas contemporâneos o fizeram. Só que Buda apontou, também, para a chama, para a luz no final do túnel, para o norte de um Dharma, para uma trilha de transcendência e de realização.

Constatei isso quando já era um analista didata. Foi muito difícil verificar o óbvio: que analisar não gera bondade, nem fraternidade e nem amor. Analisar gera explicações, conhecimento, tecnociência. Esta é a função analítica, apropriada para a exploração do universo exterior. Assim, conduzir uma pessoa apenas por esta via redutivo-causal, de decomposição sistemática do todo em suas partes, pode ser perigoso e iatrogênico. Como nos lembra Jean-Yves, basta pensar naquelas pessoas que decidiram pelo suicídio, após a conclusão de suas análises...

É preciso incluir a dimensão sintética no processo terapêutico. Enquanto a análise fragmenta, a síntese restaura a inteireza, gerando abertura para o sentido. Esta é uma função, complementar à do analista, que denomino de *sintetista*, a partir da qual é possível facilitar que a pessoa se dê conta da possibilidade de comunhão, de participação no mistério do Todo.

É pela síntese que o processo analítico adquire um sentido, abrindo uma possibilidade de transcendência, a partir da qual o ego, que não tem saída em si mesmo, pode ser orientado pelo Self. Nunca é demais insistir que estes dois enfoques não são antagônicos e, sim, complementares, conformando uma fecunda e imprescindível sinergia.

Parece-me que uma função importante do Colégio Internacional dos Terapeutas é preservar o rigor da virtude analítica, que nos leva a explicar uma realidade e facilitar que uma pessoa, através dessas explicações, possa também se clarificar e avançar. Por outro lado, deve-se enfatizar a necessidade da via sintética, possibilitando que a chama do Ser possa ser desvelada, aquecendo e iluminando as trilhas, para que o labirinto existencial possa ter um centro, uma saída vertical, uma solução evolutiva.

Tenho insistido sempre na metáfora do corpo caloso, que conecta os hemisférios cerebrais esquerdo e direito, analítico e sintético, da quantidade e da qualidade. Talvez aí resida a grande solução pedagógica e, também, terapêutica. Concordo com Carl Sagan[21], quando diz que *o futuro da humanidade depende do corpo*

---

21. SAGAN, C. *Os dragões do Éden*. Rio de Janeiro: Francisco Alves, 1987.

caloso, dessa possibilidade de vivenciar nossa dimensão ocidental-analítica juntamente com a oriental-sintética, reconhecendo que o oriente interior deve orientar o ocidente interior. Em português, há uma sincronicidade feliz neste termo, *oriente-se*.

Uma tecnociência triunfante e desalmada, sem uma orientação, destituída de um coração e de princípios éticos norteadores, é apenas uma forma nefasta de apressar os descaminhos dessa globalização impiedosa. Esse processo cego, que exclui e, às vezes, leva as pessoas a medidas extremas, como a do suicídio, o qual pode ser compreendido como um sintoma da crise global, de sentido e de orientação.

4 Sobre Procusto e o bom jardineiro

Uma questão para Roberto Crema: Você disse que deveríamos indagar sobre quem sou eu para dar notas a alguém? Mas, como fazer um filho evoluir sem julgar seus atos e fazê-lo crescer em todas as dimensões?

Roberto Crema

Compreendo bem que essa questão traduz um impasse que todos nós vivenciamos. Jamais esquecerei de uma ocasião em que estava levando meu filho de 16 anos – hoje com 24 – para a escola, onde cursava o primeiro ano do segundo grau. De repente, ele desabafou: *Pai, eu não vou aguentar! Eu tenho 40 professores... Cada um me dá uma aula de 40 minutos e eu só os vejo na outra semana. Pai, eu não vou aguentar! Só de matemática, eu tenho cinco professores; eu não vou aguentar!...*

É muito triste e degradante chamar isso de educação. Embora impactado, devo confessar que gostei de ouvir meu filho falar que não ia aguentar. Às vezes, o problema consiste em se aguentar o que não é para ser aguentado! Em não sofrer e não apresentar um sintoma quando ter saúde é ser capaz de sofrer, de apresentar um sintoma qualquer que denuncie a contradição. Eis o drama da normose...

Agora, como expressar a um filho, numa situação como esta, uma mensagem que aponte para um caminho do meio, para uma possibilidade que não seja abortiva e extremista: *Eu estou com você, meu filho. Eu lhe compreendo e sei que o erro não é seu; que este sistema está esgotado e falido. Agora, procure aguentar, fique e atravesse estas contradições, pois dentro do sistema você terá condições melhores e mais efetivas para transformá-lo!...* Bem, sabemos que isto não é nada fácil!

Na Unipaz, há quinze anos, temos buscado implementar outras formas de avaliação que não utilizem a comparação. Comparar é um absurdo! Um bom educador é como um bom jardineiro. Você já viu um jardineiro comparar um jasmim com uma flor de maracujá? E exigir o mesmo currículo de ambos?

Fizeram isso conosco e, ainda dominantemente, estão fazendo com nossos filhos. Na medida em que fomos torturados normoticamente, já não nos damos conta da própria tortura. Essa é a famosa *cama do Procusto*[22], aquele bandoleiro da mitologia grega que oferecia sua hospitalidade a todos os viajantes. Se o hóspede fosse maior do que a cama que lhe era oferecida, Procusto cortava-lhe as pernas, para bem adaptá-las no móvel. Se o hóspede fosse menor, ele as espichava, naturalmente. Ocasionalmente, aparecia um hóspede do tamanho da cama, ou seja, do tamanho de Procusto. Eis o que representa, bem literalmente, um currículo rígido e padronizado.

---

22. Procusto: na mitologia grega, filho de Netuno. Personifica o rigor e a exatidão absoluta, o descompromisso radical com a verdade e a justiça, valendo-se da exatidão de sua medida.

Esse método de comparação e de dar notas gera muito sofrimento. Na Unipaz, aqueles que fazem a Formação Holística de Base sabem que, quando o aprendiz chega ao último estágio, não encontrará uma banca de *suposto-saber* para avaliar um *suspeito-saber*. O aprendiz é convidado a apresentar uma *obra-prima*. O que é uma obra-prima? É algo concreto, que ele transpirou, por ter integrado a abordagem holística, obra que brota de sua vocação singular. Pode ser uma realização artística, científica, educacional, espiritual ou filosófica, que não será comparada a nenhuma outra, dentro do que D'Ambrosio[23] denomina de *ética da diversidade*.

Eis a beleza da biodiversidade. O Grande Arquiteto providenciou que houvesse flores de todas as cores para que um jardim possa exalar sua natural harmonia, que decorre da unidade na diversidade. Nós recebemos talentos diferentes e, às vezes, quando somos avaliados apenas a partir de um único padrão, temos que jogar a individualidade e a originalidade na lata do lixo. Para sobreviver, temos que nos vender por notas. Mais tarde, nos venderemos por outras notas. Creio que a normose da comparação e padronização escolar encontra-se na origem mesma da corrupção que aí está...

A atitude educativa é a de facilitar que cada um possa se desenvolver a partir de sua vocação, parindo sua palavra própria, florescendo a partir de uma alteridade. Como fazia o grande educador Sócrates[24], um autêntico parteiro que, por meio de sua *maiêutica*, facilitava que cada um desse à luz a si mesmo. Creio que poderemos encontrar outras formas criativas e construtivas, além da citada obra-prima, de auto e de heteroavaliação, como um processo centrado no aprendiz.

Lembro que, em um grupo de formação que eu facilitava há alguns anos, todos eram avaliados de uma forma muito interessan-

---

23. D'AMBROSIO, U. *Transdisciplinaridade*. São Paulo: Palas Athena, 1997.
24. Sócrates, paradigmático filósofo grego, nascido em 470 ou 469 a.C., em Atenas.

te, porque era transformadora. A pessoa sentava na *cadeira quente* e fazia sua autoavaliação. Depois, ouvia de cada amigo e amiga uma avaliação de seu processo. Ninguém julgava, apenas diziam: *Na minha escuta, na minha visão, você apresentou tal forma de caminhar entre nós.* Geralmente, ao final desse processo, as pessoas apresentavam profundas mudanças, mesmo na véspera de terminar a própria formação.

Então, proponho o desafio de encontrar novas formas de avaliar e transmutar as escolas num jardim, lembrando que o bom jardineiro não é tanto o conhecedor de botânica; é o amante das plantas. Eis a pedagogia maior e essencial, a pedagogia do amor.

Quando perguntaram a Dom Bosco[25], um grande terapeuta e educador, *qual é a sua pedagogia?*, ele respondeu: *É ciência, espiritualidade e carinho*. Só faltou incluir a arte, para indicar a completa abordagem transdisciplinar! Então, viva os bons jardineiros! Viva a possibilidade desse jardim surgir e encantar, novamente, nossa ferida e subtraída humanidade!

5 Sobre cuidar da saúde

Na escada que Leloup explicou, se houver a falta de um degrau, existe a possibilidade de construí-lo em outra etapa ou ele poderia ser superado de alguma forma? Como fazê-lo?

Jean-Yves Leloup

Retomemos aquela abordagem que fiz sobre a pessoa que chupava o dedo e depois saiu recitando o *Baghavad Gita*, o texto sapiencial.

---

25. Dom Bosco, sacerdote nascido em 16 de agosto de 1815 em Becchi, perto de Turim, norte da Itália. Dedicou-se à educação de crianças e jovens, fundou e organizou a Congregação Salesiana e escolas profissionalizantes em diversos países europeus; "o mais italiano dos santos e o mais santo dos italianos".

Para um terapeuta, a questão é como fazer essa pessoa reencontrar aquele degrau que estava faltando. Geralmente, nas instituições psiquiátricas, quando uma pessoa fala como um sábio hindu ou um profeta do Evangelho, o diagnóstico dos médicos é de que essa pessoa está delirando.

Qual é a nossa imagem do homem?
Quando eu mencionei a escada, falava de subir, mas também de descer. Se a base não estiver sólida, a escada não pode ficar de pé; por esta razão, este é um processo, um percurso de descida e de elevação, uma espiritualidade conectada à base. A escada deve crescer a partir da nossa tenra infância, abrangendo os traumas que, um dia, possamos ter vivido. O problema é que, quando observamos a escada, alguns podem dizer que não existe nada além da sua base, negando aquilo que se dirige a uma plenitude.

Existem duas formas de observarmos uma flor-de-lótus: Podemos olhá-la e dizer que é apenas lama, o resultado de uma interação de vida que existe dentro dessa lama. Ou, ao contrário, podemos nos deslumbrar diante do fato de que daquela lama pode surgir uma maravilha como uma flor-de-lótus.

Também existem duas maneiras de se olhar um ser humano: ele pode ser visto como um ser que apenas encaminha-se para a morte ou podemos ver esse ser humano, mesmo traumatizado, fragilizado e ferido, como sendo o espaço de onde emerge a consciência. Por meio deste ser que sofreu e viveu tanta dificuldade pode surgir um ser de sabedoria e serenidade.

O terapeuta deve observar sempre a flor que está brotando. Qualquer que seja o degrau que esteja quebrado, ou o nó na memória que impede o outro de avançar, o terapeuta acredita na força de Vida que pode ajudá-lo a atravessar essas dificuldades. Cuidar de alguém é cuidar daquilo que está saudável nele, porque é a partir desse estado de saúde, de santidade, que a cura pode chegar.

No caso de uma pessoa cuja escada tenha um degrau quebrado, trata-se de ajudá-la a reencontrar esse lugar em que ela ficou parada, onde um grande medo a fixou. Se acreditarmos na força da Vida, ela será capaz de desfazer esse nó.

O terapeuta não se ocupa da doença, ele trabalha com a saúde que está no coração da doença, ele lembra que existe seiva na árvore que sobe em direção à luz, mas que também desce até as raízes. Se formos bons jardineiros, não vamos puxar a planta para que ela possa brotar mais rápido. Trata-se de cultivá-la e de colaborar com a seiva que a enraíza na profundidade da matéria e, no mesmo movimento, eleva-a em direção à luz. Uma árvore saudável não é apenas aquela que expõe seus galhos à luz; se ela não possuir raízes, não ficará de pé.

Uma espiritualidade que não leva em consideração os aspectos psicológicos corre o risco de ser uma fonte de ilusão e de sofrimento. Uma psicologia que não considera a abertura do ego ao transpessoal, a abertura do psiquismo à transcendência, impedirá o desenvolvimento pleno da árvore humana.

A consciência do ego sem a consciência do Self pode conduzir ao desespero e ao suicídio, ou à inflação e à megalomania – tomar-se por Deus. É preciso, portanto, manter unidas a espiritualidade e a psicologia para que a árvore possa estar em boa saúde.

No acompanhamento de uma pessoa, ou em nosso próprio, em alguns momentos são os instrumentos da psicologia que podem nos ajudar; em outros, somos ajudados pelos instrumentos da espiritualidade. Não devemos separar o que Deus uniu; não podemos separar a dimensão material da dimensão espiritual no ser humano.

6 Amar apesar de tudo...

Maria da Gloria Sobrinho

Quero compartilhar, no encerramento desta etapa, um poema de Aurea Vasconcelos sobre o título de um dos livros mais recentes de Leloup. É inspirador e sua mensagem converge para o âmago do tema de nosso encontro:

> Amar... apesar de tudo!
> Amar... apesar do medo, da ansiedade, da angústia, da incerteza.
> Amar... apesar do passado, do futuro... apesar do presente.
> Amar... apesar dos impasses, das dificuldades, dos problemas.
> Amar... apesar das impossibilidades.
> Amar... apesar do mal, da destruição, da ameaça, do coração de pedra.
> Amar... apesar da separação, da indefinição.
> Amar... apesar da sombra.
> Amar... apesar do outro.
> Amar... apesar de mim.
> Amar... apesar de Deus.
> Amar...
> Hoje, mais do que nunca, amar.
> Amar... a porta que dá acesso ao jardim..

11
O UNIVERSO DA NORMOSE

Somos assim.
Sonhamos o voo, mas tememos as alturas.
Para voar, é preciso ter coragem para
enfrentar o terror do vazio. Porque é só no
vazio que o voo acontece. O vazio é o espaço
da liberdade, a ausência de certezas. Mas é
isto que tememos: o não ter certezas. Por isso
trocamos o voo por gaiolas. As gaiolas são o
lugar onde as certezas moram.

Rubem Alves

1
Normose e o Complexo de Jonas

Jean-Yves Leloup

Evocamos o desejo que nos atravessa e essa escuta que nos permite a travessia de nossos medos. Este desejo que nos convida a nos tornarmos nós mesmos e algo mais além de nós mesmos. Às vezes, ele chega quando temos dificuldade em escutá-lo e chegamos até a recusá-lo.

Isso nos remete ao profeta Jonas: Jonas é aquele que começa dizendo *não* à sua voz interior: "*Para vivermos felizes vamos nos esconder, vamos nos deitar*". É aquela pessoa que se recusa a escutar a voz que o convoca: "*Levanta-te!*"

Lembram-se da história de Jonas? Uma noite ele foi atravessado por uma Presença que o convida a levantar-se e partir para Nínive, a grande cidade inimiga do povo de Israel. Ele é convocado a ir em direção aos seus inimigos. Ao invés de partir em direção a Nínive, Jonas parte para Társis na Sardenha, ao norte da Espanha, um espaço de lazer, um lugar de esquecimento.

Os medos de Jonas: a fuga do Ser

Jonas foge de sua palavra interior. Encontra um barco, que partia para Társis, e dorme em seu porão. O problema é que uma tempestade se precipita. Enquanto ele continua dormindo, ondas se levantam.

Eis o primeiro ensinamento do livro de Jonas: o fato de não nos tornarmos nós mesmos pode gerar consequências não apenas em nosso interior, mas, também, em torno de nós. Precisamos lembrar que o maior serviço que podemos prestar aos outros é tornarmo-nos nós mesmos; se não o fizermos, haverá tempestades, distúrbios em nossa volta.

A continuação da história é conhecida de vocês. Os marinheiros dentro do barco se perguntavam: *Por que essa tempestade? Por que essa ameaça?* Após interrogarem as cartas e os deuses, eles reconhecem que o motivo era Jonas.

Alguém que não escuta sua voz interior pode ser causa de distúrbios para todos aqueles que estão ao seu redor. Jonas é obrigado a defrontar toda sua responsabilidade, a encará-la. Reconhecendo ser ele próprio a causa daquele transtorno, ele mergulha no oceano. Simbolicamente, esse é um mergulho em seu inconsciente, ele para de fugir. Jonas vai entrar no processo de conhecer a si mesmo, a sua sombra e os seus medos. Isto é simbolizado pelos três dias que ele passa no ventre da baleia, a descida na profundidade de si mesmo.

É no coração desta profundidade que Jonas vai gritar e apelar por Deus. Ao tocar o fundo de seus limites, ele reencontrará o Ser que lhe faz ser e aceitará sua missão.

Uma vez que a baleia o vomitou para fora de si, ele vai cumprir sua missão: Jonas pregará na grande cidade, afirmando que, se seus habitantes continuarem a viver do mesmo modo, todos serão destruídos.

O medo de amar

A voz do Profeta é aquela que adverte. Jonas anuncia a justiça, a lei do *karma*: *Todas as causas provocam efeitos. Se continuarmos nessa atitude de violência e de desprezo, isto levará à destruição da grande cidade.* Para sua grande surpresa, os habitantes de Nínive escutam sua voz e retornam à sua verdadeira natureza. A cidade não mais será destruída.

No entanto, uma coisa curiosa ocorre: Jonas, que deveria ter ficado feliz com isso, fica, pelo contrário, triste e zangado com Deus. Ele diz a Deus: *Eu sabia que você era um ser de ternura e de perdão, mas você é injusto. O normal é que esta cidade seja destruída, como consequência natural de seus atos.* A partir de então, Jonas faz um grande trabalho para aceitar dentro dele esta dimensão da misericórdia do Ser que, sem abolir a justiça e a lei do *karma*, as transcende.

O livro de Jonas é muito interessante para nossa abordagem porque seu medo e as razões de sua fuga fazem parte de nós. Jonas está em cada um de nós. Quando recebemos esse convite para nos levantarmos, para despertarmos do nosso sono, existe alguma coisa dentro de nós que resiste. Esta força que resiste é o que chamamos de normose.

Quais são os medos de Jonas?

O medo do sucesso

Já evocamos o medo de ter sucesso, de realizarmos aquilo que nossos pais não lograram realizar. Isso, efetivamente, é algo que pode estagnar nosso vir a ser. Por exemplo: ter sucesso profissional ou financeiramente quando nossos pais não conseguiram alcançar isso pode ser fonte de inquietude, assim como ser feliz na vida afetiva quando nossos pais sofreram um divórcio ou viveram alguma coisa muito difícil. Freud dizia que esse medo de superar os pais na felicidade, na educação e na fortuna pode repercutir como uma ameaça de perda de seu amor, há o risco de nos sentirmos rejeitados por eles. É claro que tudo isso transcorre no nível do inconsciente, pois os pais dizem sempre que desejam que os filhos façam melhor do que eles próprios. Esta é a mensagem consciente. Entretanto, inconscientemente, às vezes, pode ocorrer um ciúme secreto, que a criança pode captar, sentir. O desejo de vencer é um sonho, mas, quando ele se realiza de fato, pode tornar-se um verdadeiro problema.

Freud citava o exemplo de um de seus professores na universidade que desejava ficar no lugar do chefe e, quando conseguiu o cargo, caiu doente. Entretanto, creio que o Complexo de Jonas ainda não se encontra aí. Na história de Jonas há algo mais profundo: o medo do ostracismo...

Para ele, ir a Nínive significa, de certo modo, ir em direção aos inimigos de Israel, traindo assim seus próprios irmãos. Isso era inaceitável! Ele arrisca não cumprir a missão para não ser considerado um traidor. Isso também pode nos acontecer quando pertencemos a um certo meio, a uma certa família, a um certo partido: se seguirmos em direção a outros partidos ou outros meios, isto poderá ser considerado uma traição. Surge, portanto, um medo de ser excluído pelo ambiente que nos cerca e que conduz ao medo de sermos diferentes e de sermos rejeitados por termos nos diferenciado.

O medo do exílio

Citando Rollo May[26]: *Muitos fatores provam que as maiores ameaças, a maior angústia do homem ocidental, não é a castração, mas o ostracismo.* Em outras palavras: sentir-se rejeitado pelo grupo. Muitos de nossos contemporâneos passam por uma castração voluntária, renunciando à sua originalidade, ao seu poder, à sua independência, pelo medo da exclusão. Eles adotam a impotência e o conformismo sob a ameaça eficaz do ostracismo.

---

26. Rollo May, psicólogo e psicanalista americano, um dos mais importantes representantes da psicologia existencial.

Muitos psicólogos da corrente humanista irão evidenciar o poder desse conformismo, que vai engendrar uma aparente segurança. Contudo, essa é uma falsa segurança, que consiste em sentir-se "normal", "como todo mundo". A única segurança, entretanto, é aquela que advém quando nos tornamos um com nós mesmos, com nossos desejos mais íntimos. Se renunciarmos a isso, haverá dentro de nós uma fonte de distúrbios e de doenças e, como diz o livro de Jonas, não apenas para nós, mas também para os outros. Quando saímos do conformismo e da segurança, muitas vezes nos defrontamos com o medo da mudança e, assim, fechamo-nos no conhecido por medo do desconhecido.

O medo de saber

Krishnamurti[27] tem um belo livro em que fala da libertação do conhecido, que demanda muita coragem e maturidade. O medo de não ser como os outros desencadeia o medo de conhecer-se a si mesmo. Jonas tem medo de ser diferente, porque essa diferença é aquilo que ele realmente é, aquilo que ele realmente deve escutar. Quanto mais o conhecimento é impessoal, mais ele é seguro. Em contrapartida, quanto mais o conhecimento é pessoal, mais nos questionamos a respeito.

É importante lembrar que o transpessoal não é o impessoal; é a passagem, a abertura do pessoal àquilo que o ultrapassa, sem destruir a pessoa, abrindo-a a outra dimensão. Só podemos apreender esta outra dimensão a partir de nossa própria forma.

O medo da autenticidade

Este medo de ser o que somos é chamado de "medo da autenticidade". Cada um de nós tem uma missão a cumprir, algo a

---

27. KRISHNAMURTI, J. *A primeira e última liberdade*. São Paulo: Cultrix, 1958.

encarnar. Essa é a questão de Jonas: *O que tenho a fazer na vida que ninguém pode fazer em meu lugar?* Esta é, também, uma boa pergunta para cada um de nós: *O que eu tenho que fazer que ninguém pode fazer por mim? Qual é a forma única, pela qual o Logos, a Inteligência Criadora, encarna-se em mim? Qual é minha forma singular de ser inteligente? Qual é minha forma particular de amar, de encarnar e manifestar o amor no mundo?*

A inteligência de um se diferencia da inteligência do outro. A maneira de amar de um não é a maneira de amar do outro. O amor é único e a Inteligência Criadora é una, mas eles tomam formas diferentes e particulares em cada um de nós, assim como a chuva que cai sobre um jardim. A mesma água faz com que brotem flores em diferentes cores, uma é vermelha, outra é branca, a outra, azul. É a mesma Vida que lhes é dada, mas cada flor tem uma cor para manifestá-la e encarná-la, uma maneira única de manifestar a Vida. É disso que Jonas está fugindo: daquilo que a Vida e Deus pedem a ele, daquilo que poderá conduzi-lo a si mesmo.

A cidadela do Outro

Jonas pode fugir na direção de Társis e ignorar essa voz interior, mas, neste caso, ele não se tornará verdadeiramente Jonas. Ele só se tornará Jonas quando for em direção a si mesmo, ousando dirigir-se para Nínive, ou seja, indo em direção ao outro, pois é na relação com o outro que nos tornamos o que somos.

Quando temos uma tarefa a cumprir, isso nos torna insubstituíveis e dá um sentido à nossa existência. Essa tarefa não é reservada apenas aos grandes sábios e aos profetas; ela é a realização que cada ser humano pode conquistar em sua própria existência.

Normose é quando fugimos de nosso desenvolvimento e caímos no conformismo patológico. A partir de um processo interno, de uma escolha cotidiana, conseguimos sair desse ciclo. Quando vamos além de nós mesmos, além de nossas possibilidades, não estamos nos perdendo; na verdade, estamos nos encontrando, entrando em contato com o ser humano nobre e sagrado, a dimensão espiritual dentro de cada um de nós.

O medo da vastidão

O medo de Jonas é o medo de ser, o medo do Self. Por que ter medo desse Eu interior? Entrar em contato com essa dimensão de nobreza, essa dimensão do sagrado em cada um de nós é, também, uma exigência uma exigência para que vivamos de maneira mais nobre, mais elevada.

Assim, Abraham Maslow falará do Complexo de Jonas como sendo o medo que temos da nossa própria grandeza – o medo do Self. Se formos capazes de atravessar esse medo, se confiarmos nessa energia que revela em nós o desejo de realização e de plenitude, então nossa missão vai se cumprir. Isso vai ser útil para nosso bem-estar, assim como para o bem estar de todos.

Existe, ainda, uma outra pequena dificuldade a ser vencida: qual a imagem que postulamos do Self?

Qual a imagem que temos do Absoluto que nos habita?

Para Jonas, era a imagem da justiça, de um Deus da verdade.

Para ele, a justiça e a verdade implicam que cada um pague pela consequência de seus atos: *Aquilo que você planta, você colhe. Se você semeia a violência, colherá a violência*! Para ele, Deus é essa justiça, essa lei do *karma*.

O medo do Self

Jonas descobre que existe algo mais profundo do que a justiça. Isso o perturba e o amedronta. Assim, o medo de Jonas é o medo de ser capaz de perdoar, de ser capaz de misericórdia. Às vezes, experimentamos isso em nossas vidas. Alguma coisa dentro de nós não quer perdoar. Afirmamos: *Isto não é possível; é inaceitável!* É inaceitável para o meu eu, para o ego. Contudo, não é o ego que perdoa, é o Self.

Assim, tornar-se Deus não é tornar-se um ser fantástico e extraordinário; é tornar-se capaz de ter uma infinita paciência, seja diante de nós mesmos, seja diante das outras pessoas. É, sobretudo, metamorfosear esse desejo de destruição e de retaliação dentro de nós, para a reconstrução da humanidade.

O desejo da Vida

Jonas vai viver uma experiência surpreendente: quando ele estava colérico, em um estado de recusa da ternura e da misericórdia de Deus, ele desejou morrer. Nesse momento, uma árvore cresceu acima de sua cabeça. Ele viveu um estado de repouso e de felicidade à sombra desta árvore. À noite, um germe destruiu a árvore, expondo-o à violência do sol. Jonas, novamente raivoso, indaga: *Porque você retirou a minha sombra? Prefiro morrer a viver!* Então, a voz interior, a voz de Deus, lhe diz: *Você fica com raiva e lastima a destruição desta árvore, que não lhe custou trabalho, que você não fez crescer, que em uma noite surgiu e em uma noite pereceu. E eu não terei pena de Nínive, a grande cidade, onde há mais de cento e vinte mil homens, que não distinguem entre direita e esquerda, assim como muitos animais?!*

Essa voz nos faz lembrar que, no fundo do Ser, há o desejo da Vida. Qualquer que seja o comportamento de uma cultura ou de uma civilização, não devemos nos comportar como "profetas da infelicidade". Jonas queria ser um profeta da infelicidade, mas lhe foi pedido outra coisa: a capacidade de perdoar. Não se trata de negar a justiça; trata-se de saber que talvez não seja ela quem dirá a última palavra, mas a misericórdia.

O livro de Jonas não nos diz se o profeta aceitou este desafio. Ele permanece no caminho, assim como nós. Ao ultrapassar um medo, uma imagem de nós mesmos, uma imagem de Deus, uma representação do Absoluto, existirá sempre algo desconhecido a ser descoberto...

Um passo a mais!

A normose significa estar estagnado, estar retido, seja numa imagem, seja num sintoma. É o momento de dar um passo a mais. Recordo-lhes minha definição de espiritualidade, que é a mesma mensagem do peregrino de Compostela: dar um passo a mais.

A vida espiritual nem sempre consiste em ter grandes ideias e maravilhosos projetos, mas em dar um passo a mais, a partir de onde nos encontramos. Não temos que nos comparar uns aos outros. Para chegar ao alvo, cada um de nós precisa percorrer um longo e singular caminho. O importante é dar um passo a mais. O ponto onde paramos é o começo do caminho que prossegue. É esse passo a mais que resgata o desejo e a vontade da Vida, que vem se dirigindo ao encontro de cada um de nós.

Temos a escolha entre uma vida perdida e uma vida escolhida e doada. Por meio do dom de nós mesmos, descobrimos aquilo que nunca vai morrer em nós. Pois a única coisa que nada nem ninguém pode nos tirar é o que já doamos.

O dom, assim como a missão, é diferente para cada ser humano. A travessia da normose também será distinta para cada um. Jonas, na travessia de seus medos, nos convida a dar esse passo adiante.

2
Normose, um mundo a ser explorado

Pierre Weil

Depois das palavras extremamente lúcidas de Jean-Yves, que nos mostram, por meio da história de Jonas, todo o mecanismo interior e íntimo da normose, sinto-me inspirado a prosseguir.

Já mencionei a existência de uma normose geral, global, que ao mesmo tempo, geograficamente, abrange a humanidade toda, o gênero humano inserido nas diversas sociedades.

Existem, também, normoses específicas e algumas localizadas geograficamente. Quando falo em global e local, trata-se de um aspecto geográfico; por geral e específico estou referindo-me a um assunto, a um domínio.

Qual é a normose que atinge a todos nós?

1 A normose do paraíso perdido

Em cada ser humano, há uma certa nostalgia: a de uma felicidade permanente e completa, uma felicidade absoluta. Estamos seguros de que isso existe em algum lugar, do qual já não lembramos. Geralmente a buscamos fora de nós, numa amizade, num matrimônio, numa religião, num espaço particular. E não a encontramos ou, se encontramos, ela não perdura. Disso decorre uma certa infelicidade, que aumenta sob a influência de um conjunto de fatores, que denomino de *normose do paraíso perdido*.

Em livro anterior[28], antes de meu despertar para a realidade da normose, denominei esta patologia de neurose; entretanto, é uma normose. Simbolizada, no Gênesis, pelo mito do Paraíso, da Árvore da Vida e a do Conhecimento do Bem e do Mal, e pela queda de Adão. Encontramos descrições detalhadas e muito claras, também, no yoga hindu e budista.

Trata-se de um círculo vicioso, de uma compulsão repetitiva, de uma sucessão de causas e efeitos que se retroalimenta. É muito difícil escapar deste circuito sem uma profunda tomada de consciência deste processo, que começa por uma informação geral de seu funcionamento. Esta informação, em si mesma, já implica um primeiro efeito terapêutico.

Ilusão da dualidade

Quando solicitamos às pessoas que nos apontem a natureza, a reação imediata da maioria é a de apontar, com o dedo, para o meio exterior. Este gesto indica uma ilusão de percepção, denominada de *dualidade*, em filosofia, que separa o Real em sujeito e objeto. É como se existisse o eu e o universo, o observador e o observado, o conhecedor e o conhecido.

Até recentemente, esta separatividade era adotada, pela ciência, como um dogma ou, pelo menos, como um dos princípios fundamentais da metodologia experimental, teórica e tecnológica. A objetividade era considerada uma condição essencial do método científico, o que resultou na eliminação do sujeito. Essa é uma crença normótica que, juntamente com a consideração exclusiva do estado de consciência de vigília, podemos denominar de superstição cientificista, segundo as evidências da física contemporânea.

---

28. WEIL, P. *A neurose do paraíso perdido*. Rio de Janeiro: Espaço e Tempo/Cepa, 1987.

Edgar Morin e Nicolescu abordam, de forma particularmente lúcida, essa questão.

Entretanto, a física quântica nos demonstrou que esta eliminação do sujeito é um engano; que é impossível dissociar o sujeito observador do objeto observado. Mais ainda: ela evidencia que todos os sistemas são feitos de energia, da mesma energia. O ser humano e o Universo são feitos da mesma energia e, portanto, resulta artificial separá-los.

Um dos novos ramos da psicologia, a abordagem transpessoal, mostra-nos a existência de um estado de consciência no qual todo tipo de dualidade desaparece. A experiência transpessoal é encontrada em todas as culturas, de todas as épocas, de todas as civilizações. Com nomes diferentes, essa mesma experiência é indicada, o que podemos constatar a partir de um estudo comparativo.

Tudo aponta, também, para a demonstração de que o estado de consciência de vigília não corresponde, em nada, a um real despertar: encontra-se na origem mesmo da fantasia da separatividade, por estar dominado pelos limitados cinco sentidos e pelo insuficiente raciocínio lógico formal. A ciência moderna é um conhecimento exclusivamente baseado neste estado de consciência.

Podemos indagar até que ponto a fantasia da separatividade, sob a forma do dualismo e da suposta objetividade científica, não constitui a raiz da desumanização da ciência, da tecnologia, da educação e do declínio ético. Outra consequência desastrosa desta visão, derivada do antigo paradigma newtoniano-cartesiano, é a crise de fragmentação, a qual assola toda a civilização industrial. Enfim, essa fantasia da separatividade nos leva ao que chamei de *roda da destruição*, que está conduzindo a humanidade atual a uma autodestruição. Foi o que determinou o fracasso da conferência de Joanesburgo[29] sobre nossa situação crítica ambiental. Por trás de tudo, encontra-se a manifestação do inconsciente.

---

29. Referência à Rio mais 10.

Diagrama da roda da destruição

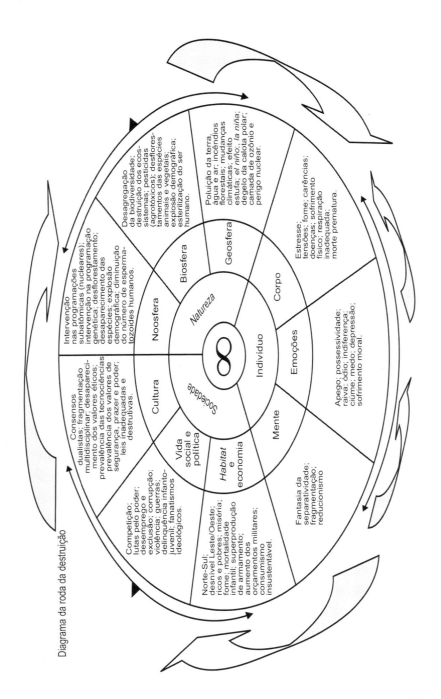

Sintomas da normose da separatividade

Como a maioria da humanidade está submetida à fantasia da separatividade, há um consenso que reforça, de maneira extrema, esta ilusão, transformando-a numa miragem coletiva. O princípio exclusivo da objetividade, em ciência, provê uma espécie de *selo* oficial: a fantasia se torna um dogma quase inviolável. Felizmente, nos últimos anos se multiplicam colóquios sobre *ciência e consciência* que estão denunciando este caráter ilusório e nefasto.

Por causa desta fantasia é que nos percebemos como sujeitos sólidos, em contato com objetos exteriores igualmente sólidos e permanentes. Assim é que classificamos estes últimos, segundo nossas sensações de prazer ou de dor, em três categorias: agradável, desagradável e neutro.

Em função destas categorias, de um modo imperceptível, desenvolvemos três tipos de atitudes básicas: o *apego* a tudo o que nos propicia prazer – coisas, pessoas e ideias; a *rejeição* a tudo o que nos provoca dor ou nos ameaça; a *indiferença* a tudo o que não nos causa nem prazer, nem dor. Cada uma destas atitudes nos incita sintomas, muito conhecidos.

A *possessividade*, quando se deseja, só para si, os objetos do apego: materiais, pessoas e ideias. Uma das causas mais importantes da destruição ecológica é a normose da posse da terra. Trata-se de uma falácia de que os recursos naturais são infindáveis, suscetíveis de serem explorados indefinidamente. O movimento ecológico tem representado uma terapia para a superação desta atitude predatória selvagem e insana.

Outros apegos produzem fatores psicológicos de destruição e sofrimento: o *ciúme*, quando o sujeito se sente ameaçado de perder seu objeto de apego; a *competição* e *rivalidade*, entre os que disputam o mesmo alvo; o *orgulho* e a *vaidade*, quando há um apego a uma imagem de superioridade de si mesmo em relação aos outros.

Sobre outras formas de apego e de possessividade, em geral, encontra-se o *medo*. O medo de perder, se a pessoa crê possuir; o medo de não poder possuir e o medo de não recuperar algum objeto de apego perdido. Em caso de perda, pode-se instalar a *depressão*.

A *agressão* e a *cólera* se produzem, sobretudo, como consequências do ciúme, do orgulho ferido, da competição ou por se perceber agredido. Estes são comportamentos e sentimentos específicos, de rejeição.

A *indiferença* é a ausência de sentimentos positivos ou negativos, uma desatenção e desprezo frente a objetos, pessoas e ideias que não nos agradam nem nos ameaçam. Quantos motoristas passam, por exemplo, ao lado de alguém acidentado sem sequer olhar ou parar?

Alguns destes comportamentos e sentimentos, reforçados por consensos sociais, muitas vezes são sancionados por textos jurídicos. Assim se instalam, também, normoses socioculturais, a exemplo do duelo, que já não existe, e da figura legal da *guerra justa*, que justifica terríveis crimes coletivos.

O círculo vicioso, de repetição compulsiva, é próprio da normose do paraíso perdido. Emoções e sentimentos destrutivos se inscrevem em nossos músculos, sob a forma de tensões, perturbando o sistema endócrino e causando danos ao sistema orgânico de defesa. A frustração repetitiva gera o estresse e, gradativamente, a enfermidade física é desenvolvida. E este sofrimento físico realimenta a fantasia da separatividade.

Assim, acabamos de descrever o que nos parece ser uma normose geral da humanidade atual, a mais profunda e severa fonte de destruição e de sofrimento.

Um terrível círculo vicioso

Este é um drama inconsciente. Nesta cegueira, permanecemos mergulhados no pântano da compulsão/repetição, que começa pelo indivíduo, em cada um de nós, porque nos vemos separados uns dos outros e do próprio universo.

Esse ser humano desajustado cria uma sociedade desajustada no plano da cultura, que reprime os valores fundamentais criando outras normoses específicas. Por exemplo, a normose bélica, tragédias que, às vezes, assistimos confortável e alienadamente como espetáculos da televisão.

Este contexto determina uma sociedade competitiva. A competição também, dentro de nossa cegueira, é realçada como sendo um valor extremamente importante, no qual insiste, sobretudo, o mundo empresarial. A insistência na competição interpessoal se reflete no aspecto econômico de exclusão e de extremo consumismo: a disparidade chocante, da riqueza e luxo do Hemisfério Norte e a pobreza e miséria do Sul.

Essa sociedade desajustada modela e reforça o desajustamento individual. Como um ser humano pode crescer, saudavelmente, numa sociedade patológica? Essa sociedade desajustada, por sua vez, destrói a natureza por causa do consumismo, expressando um apego coletivo. Polui a matéria, destrói os ecossistemas, ou seja, a própria vida, intervindo inconsequentemente na informação e na programação nuclear e genética. Quer dizer, na própria programação do nosso universo.

Normose machista: a repressão do amor

Em recentes reflexões, descobri que essa normose coletiva global encobre um fator maior ainda que passei a chamar, em meu livro mais recente, *O fim da guerra dos sexos*, de normose machista ou *masculinista* (em contraposição ao termo feminista).

Somos nós, homens, os responsáveis, há 4.000 anos, pela instituição de uma deformação mental e educacional grave. Roberto Crema apontou nesta direção, com um novo termo: *pedagogia normótica*. É um capítulo enorme a ser escrito.

Estamos descobrindo novas normoses, como a pedagógica, que expressa uma dominação do homem e repressão da mulher, do princípio feminino, que levou a uma hipertrofia tirânica das qualidades masculinas, do raciocínio lógico. Esta realidade é expressa pelo antigo paradigma newtoniano-cartesiano, que é analítico e separatista, e reprimiu a síntese, o feminino, a intuição, a visão imediata, global. Reprimiu, sobretudo, e aí está o grande mal do nosso século, o amor. A tal ponto de não sabermos mais o que é o verdadeiro amor. Ele está dentro de nós, pode brotar a qualquer momento, mas não é cultivado e nem reconhecido, quando aparece. A esta repressão do feminino denomino de normose machista ou *masculinista*.

Uma normose feminista?

Em reação a essa normose, surgiu o feminismo. Indago em meu livro: *Será que, ao menos em suas primeiras fases, a reação feminista não teria sido uma normose feminista, na qual as mulheres, para se libertarem da pressão masculina, tiveram que imitar os homens, introjetando o machismo?* Em suas primeiras manifestações, o movimento feminista foi machista, arriscando a levar-nos a um outro extremo, que podemos denominar de normose feminista.

Eu creio que, ultimamente, há certas respostas positivas no próprio movimento feminista, de tomada de consciência de um certo abandono do lar e da convivência com as crianças que são, justamente, os aspectos patogênicos deste desvio.

Existem feministas, como Rose Marie Muraro[30], que estão dizendo, atualmente, que o problema não é mais lutar pela igualdade dos direitos; é lutar pelo direito à diferença. E a diferença é

---

30. MURARO, R.M. & BOFF, L. *Feminino e masculino*: uma nova consciência para o encontro das diferenças. Rio de Janeiro: Sextante, 2002.

o amor. A função da mulher é reintroduzir o amor na sociedade, novamente. Isso me emociona muito... Só o princípio feminino, na mulher e também no homem, pode despertar o amor. Mesmo na Trindade Cristã, é Maria a portadora do Espírito Santo, transmitindo-o ao masculino. A mulher é a grande inspiradora e a ignorância desta realidade constitui uma normose inconsciente.

Seminários e reflexões como estas precisam multiplicar-se pelo mundo. É bom saber que Jean-Yves irradia esta nova consciência, sobretudo na Europa, tão soterrada em suas memórias e distanciada da dimensão do coração. O conceito da normose é muito importante para uma possível transcendência desta fria situação. No Brasil há mais abertura e jovialidade para o desenvolvimento desta reflexão e para a irradiação da conspiração do amor.

2 As normoses específicas

O número de normoses é muito grande. A cada dia, podemos descobrir uma ou várias delas, nas áreas mais inesperadas. Uma vez que assimilamos esse conceito e seu alcance, nossa visão se abre. Essa denominação se comporta como um poderoso agente revelador, facilitando a tomada de consciência de aspectos essenciais para a preservação da saúde individual e coletiva.

Normose do consumismo

Consideremos o exemplo da normose consumista. Está baseada na crença, já mencionada, de que a terra é dotada de recursos infinitos. Que ela foi criada para a humanidade e que esta pode dispor dela, de forma irrestrita, para o seu bel-prazer e consumo. O hiperconsumo é reforçado pela normose da competitividade, cultivada pelo sistema educativo.

No domínio da alimentação, encontramos vários tipos de normoses, que podemos agrupar sob a denominação de *normose alimentar*. Um exemplo clássico e histórico encontramos na China, quando da introdução, pelos ingleses, da indústria de refinação do arroz. Surgiu, então, o beribéri, que não existia entre os consumidores do arroz integral.

Nessa categoria, podemos indicar todos os alimentos industrializados cancerígenos, tais como os corantes alimentares e as conservas enlatadas. O consumo do açúcar refinado, por exemplo, é uma das causas de cáries dentárias, bem sabemos.

Um consumo exagerado de carne vermelha merece uma referência especial. Um relatório das Nações Unidas recomenda a alimentação vegetariana, afirmando que uma diminuição de 10% do consumo de carne, só nos Estados Unidos, permitiria uma economia cujo valor poderia alimentar, com grãos, toda a população faminta da Terra. A literatura sobre o assunto é enorme. O movimento naturalista e vegetariano busca facilitar uma cura dessa normose alimentar.

Outra normose, proveniente do consumismo, é a do uso de carros. Sua produção aumenta assustadoramente, mesmo com o conhecimento público de que a poluição, provocada pelo tráfego, esteja ameaçando a existência dos cidadãos duplamente: por meio da impureza do ar e pelos buracos da camada de ozônio, provocados pela radiação. Este tipo de normose é reforçado pela pressão das mídias, a partir da publicidade e da propaganda. Há uma crença ordinária, baseada em princípios democráticos, de que cada cidadão do mundo deveria ter um carro. O que constituiria um total desastre, um fatídico colapso, naturalmente...

Existem muitos outros tipos de normoses específicas que merecem estudos especiais. No domínio da ciência, por exemplo, há uma normose materialista e mecanicista ligada à fixação em paradigmas ultrapassados, afetando diversos campos, como o da medicina, psiquiatria e psicologia.

Normose do alcoolismo e do tabaco

O alcoolismo é fruto de uma normose muito bem estruturada, no mundo todo. É modelado por propagandas que associam o consumo de bebidas alcoólicas à beleza, juventude e senso de aventura. Movimenta uma indústria portentosa que se alimenta do vício e da dependência.

Quanto ao tabaco, encontra-se numa fase de tomada de consciência e de intensa pressão para a sua redução. Há vinte anos todos achavam normal fumar.

Narro um exemplo pessoal: há cerca de sessenta anos, eu era um jovem que não fumava. Como todos à minha volta fumavam, eu me sentia anormal. Fumar estava associado à virilidade, sensualidade, charme... Então, o que fiz? Comprei um maço de cigarros, os mais brandos que encontrei. Passou-se um mês e não conseguia tragar; tossia, cuspia e continuava a sentir-me anormal. Então, para não seguir parecendo anormal, comprei um isqueiro. Quando alguém me perguntava se eu tinha fogo, anteriormente respondia, constrangido, que eu não fumava. Com o meu novo isqueiro passei, orgulhoso, a acender os cigarros dos amigos. Era minha maneira de mostrar que era normal...

Hoje, fumar é considerado uma anomalia e os fumantes estão começando a sentir-se mal. O Brasil assimilou rapidamente essa ideia; não é o caso da Europa. Você viaja num avião brasileiro numa atmosfera saudável e limpa, felizmente. Enquanto em uma companhia francesa, por exemplo, você viaja recebendo baforadas de fumo. Portanto, entre estes paradoxos, estamos em processo de mudança. Algumas normoses estão sendo reconhecidas, ou seja, conscientizadas, encontrando-se em transformação.

Normose da invisibilidade social

O psicólogo Fernando Braga da Costa defendeu seu mestrado no Instituto de Psicologia da USP, uma pesquisa denominada de *Gari, Um estudo de psicologia sobre invisibilidade social* [31]. Seu trabalho de campo teve início em 1996, quando cursava ainda a faculdade, tendo trabalhado como gari, de um a três dias por semana, em meio período, durante cinco anos. Em seu impressionante relato, ele registra que jamais foi reconhecido por seus colegas e alunos, pois nunca era olhado. Seu uniforme simbolizava a própria invisibilidade. As pessoas da classe média não o cumprimentavam, pois o uniforme o reduzia a uma mera função, a um objeto inexpressivo.

Tal invisibilidade opera em dois distintos níveis: o consciente e o inconsciente. A tomada de consciência do sujeito invisível dependia de uma aproximação e interação. Sua conclusão é de que, neste contexto, o ser humano passa a ser entendido como uma coisa, chegando a se tornar imperceptível. Neste caso, um simples cumprimento pode elevar a pessoa a uma condição de existente...

Eis uma situação que, com certeza, é uma triste normose, de indiferença burguesa frente à imensa maioria de trabalhadores, simples e anônimos. Uma manifestação mórbida da exclusão, esta tão visível patologia social.

Normose do tecnologismo e da informática

Outra normose é o *tecnologismo*, ou seja, o uso excessivo da tecnologia a serviço de valores destrutivos. A começar pela enorme tragédia das tecnologias bélicas de destruição. Considera-se normal usar armas; é legal tê-las em casa. Armas essas que, em geral, acabam matando as pessoas da própria casa... A fabricação de armas, considerada *normal*, é a maior fonte de rendas do mundo. Eis uma normose terrível, que precisamos transcender, urgentemente.

---

31. GUTIERRES, M. "'Invisibilidade pública' transforma pessoas em objetos". *Agência USP de Notícias* [internet, 10/03/2003].

Existe, também, a normose da informática, que denomino de *informatose*. Ela é muito sutil, corroendo e destruindo a unidade da família. Se olharmos o que se passa em nossas casas, constataremos uma grande perda. As horas, antigamente destinadas à boa e necessária convivência, ao diálogo, à intimidade e à comunhão das refeições, foram perdidas. Agora, um filho está todo o tempo em seu computador, assim como o pai e a mãe, e os seus irmãos... Há uma dissociação familiar.

Este desequilíbrio faz com que algumas pessoas percam até a noção e o contato com a realidade, embrenhadas e perdidas no mundo virtual, demasiado virtual... Você não consegue nem falar com essas pessoas. Existem, também, sintomas motores derivados da constante digitação. Poderia me estender bastante sobre isto, o que fiz num artigo recente[32].

Por outro lado, alguns já denominam de *apartheid digital* ou de *infoexclusão* aos excluídos deste mundo de tecnologia informacional. O que tende a aumentar o fosso em relação aos marginalizados da civilização. Sabemos que apenas uma baixa parcela da população tem acesso ao computador!

Normose na política

No plano político, esta normose afetou seriamente o lema da Revolução Francesa: liberdade, igualdade e fraternidade. O ideal da fraternidade, equivalente ao amor universal e amizade compartilhada entre todos os seres humanos, foi totalmente abandonado. É, atualmente, assunto de religião. O capitalismo rechaçou o ideal de igualdade, fixando-se na liberdade. O comunismo negou a liberdade, idolatrando a igualdade. Assim, a política normótica se

---

32. WEIL, P. "A normose informacional". *Ciência da Informação / Sociedade da Informação*. [s.l.]: Ibict, 2000.

separou dos valores éticos, transformando-se num terreno de luta de poder que determina violências e guerras.

Podemos indagar, também, se os nacionalismos não seriam uma forma de normose, já que são causas evidentes de guerras. Novamente, estamos diante da questão da propriedade, da posse da terra e criação de fronteiras, que conduzem a inevitáveis conflitos. Podemos estender esta normose à maioria das religiões que, como as nações, julgam-se superiores às demais. Pretendem ser proprietárias não de terras e, sim, da Verdade.

Normose bélica

A mais horrível das normoses é a que, ao largo da história, considera as guerras como um fenômeno normal, uma prática natural de resolução dos conflitos ou de disputa de interesse entre os povos. Trata-se de uma normose sociocultural: apesar de ser quase geral, não é comum a toda a humanidade. As investigações de polemologia das últimas décadas permitem reconstruir a *gênesis* desta normose: inicia-se com a fantasia da separatividade, do apego, da possessividade, da ira e agressividade, utilizando-se de fatores econômicos, culturais, sociais, militares e jurídicos sob a forma do consenso da *guerra justa*. As medalhas, promoções, desfiles militares e livros de história, dando prioridade às datas de vitórias militares, reforçam a ideia da normalidade da guerra. Quando se redigirá um tratado da história da paz?...

Interessante constatar que algumas normoses do passado desapareceram praticamente. Hoje, seriam consideradas ridículas. Já fiz referência a um exemplo deste tipo. Trata-se de uma normose local, porque localizada na Europa: a normose do duelo. Esse é um caso específico da normose bélica geral: era considerado normal rivais se desafiarem e se matarem, quando se consideravam ofendidos. Hoje, quem faria isto? Espero que este absurdo de se considerar uma guerra como algo justo seja visto como um contrassenso ridículo, num futuro breve. É consolador conjeturar que as normoses atuais serão, um dia, consideradas loucuras do passado.

Este fato nos permite augurar um futuro estudo histórico das normoses, em que se descobrirão, possivelmente, muitas normoses, atualmente extintas.

E a pesquisa continua...

Por outro lado, é muito importante continuarmos empreendendo esta investigação, descobrindo outras normoses, ainda não desveladas. É curioso o mecanismo dessa descoberta, que é o mesmo da descoberta de nossos aspectos neuróticos. Às vezes, nós consideramos normais comportamentos neuróticos. Por exemplo, hostilizamos nossos cônjuges quando os julgamos parecidos com nossos pais, de forma completamente inconsciente, aparentando normalidade. De vez em quando, vem um lampejo: *Humm, meu pai era assim!* Depois, cai de novo o véu do esquecimento.

O mesmo sucede na descoberta das normoses, uma vez compreendidos sua natureza e mecanismos. De vez em quando, surpreendo-me descobrindo uma nova normose. Como estou ocupado em outros afazeres, acabo não tomando nota, esquecendo-a. E digo, mais tarde: *Que normose era mesmo?* Já não sei mais porque estou, nela, mergulhado...

É preciso um esforço coletivo no processo de desvelar outras patologias da normalidade. Por exemplo, uma que nos escapou completamente, embora estivéssemos trabalhando em seu tratamento, é a normose religiosa. Essa ideia nos ocorreu quando fazíamos o programa deste simpósio, e nos deparamos com o termo proposto por Jean-Yves Leloup de *terapia inter-religiosa*. Ficou clara a existência de uma normose religiosa, atualmente tão em voga, com trágicas consequências, a exemplo de homicídios e de suicídios, na tradição cristã, japonesa, judaica e islâmica, sobre os quais já fizemos referência.

Quem determina o que é uma normose? É necessário estar fora do contexto normótico para identificar uma normose em questão, naturalmente. Isto exige cautela e discernimento. Ainda não há conselhos para se determinar o que é normose. Aí nos deparamos com uma delicada questão ética, que precisamos aprofundar.

Diferenciando normose da neurose e da psicose

É importante, como já ressaltou Jean-Yves Leloup, situar a normose em relação à neurose e à psicose. A questão é imperativa primeiro por motivos filológicos: o termo normose foi escolhido tendo como inspiração as outras duas denominações, já clássicas.

Há outros aspectos que estamos descobrindo, progressivamente, e que estão a nos mostrar relações entre estas patologias, pelo menos nos seguintes níveis:

1) No nível da pessoa, da gênese e da manifestação de sua patologia, podemos procurar a influência da normose nestes aspectos.

2) No nível do terapeuta, podemos questionar certos comportamentos terapêuticos como sendo influenciados por uma normose, abrangendo identificações e projeções contratransferenciais.

Normoses da tradição

Farei uma exposição breve, apresentando os frutos de minhas observações, nestes dois níveis, a partir de alguns exemplos.

Comecemos pela normose no nível da pessoa em tratamento. A normose nos parece ter grande influência nos aspectos repressivos de um superego rígido. É um terreno privilegiado, onde normas de comportamentos morais adotadas por consenso, em culturas e subculturas, podem se tornar patogênicas.

Quando estive na Índia, ao ler os jornais fiquei surpreso pela grande frequência de notícias de suicídios de moças. A estória era sempre a mesma: os pais não aceitavam o casamento da filha com o homem de sua preferência, pois havia outro rapaz eleito, já designado por suas famílias. Nas famílias tradicionais indianas é uma regra que os pais de duas crianças decidam, em torno de oito a dez anos, com a orientação de um astrólogo, unirem-nas no futuro em casamentos predeterminados. Esta é uma norma cuja origem se perde na noite dos tempos.

Com a penetração progressiva do amor romântico, próprio da cultura ocidental, esta tradição, antes aceita normalmente e sem problemas, está se transformando numa normose perigosa. Geradora de sintomas graves que podem conduzir à morte.

O mesmo aconteceu, no passado da Europa. E ocorre até hoje, mais raramente, em algumas famílias da nobreza.

Há exemplos de normoses consumistas, que se agregam à neurose. Em certos casos de obesidade, o uso normótico de doces é uma compensação pela falta de afeto e de carinho, por parte dos familiares ou dos cônjuges. Talvez o mecanismo de interiorização da normose seja a introjeção de imagens, conceitos e hábitos, principalmente parentais.

Normoses contratransferenciais

No segundo caso, a partir da psicanálise, sabemos o quanto sentimentos ou preconceitos do terapeuta podem bloquear os progressos da pessoa que está sendo cuidada. É por esta razão que os psicanalistas recorrem ao supervisor, para se prevenirem ou dissolverem estas *contratrasferências* possíveis.

Em certas regiões do mundo ainda imperam preconceitos raciais, que constituem verdadeiras normoses. Por exemplo, se um terapeuta ainda tiver tais resquícios de racismo ele poderá, inconsciente e *contratransferencialmente,* tomar o partido dos pais, que são contra o namoro da pessoa em tratamento, com uma pessoa de outra cor.

Negação normótica da parapsicologia

Estou cada vez mais convencido de que a rejeição, por parte de terapeutas de certas subculturas acadêmicas, aos fenômenos paranormais constitui uma normose. Esta patologia pode lesar muitas pessoas, rotuladas apressadamente de psicóticas ou alucinadas quando, na realidade, vivenciam outros estados de consciência. Estou certo de que as rejeições das evidências da parapsicologia e da psicologia transpessoal constituem uma normose pseudocientífica.

Faço o relato de um, dos muitos casos desta natureza, que tive a oportunidade de presenciar. Certo dia, eu recebi em meu consultório, para tratamento, uma nova pessoa. Ele me foi apresentado pelo seu pai com o diagnóstico de esquizofrênico. Pretendendo iniciar sua anamnese, o jovem respondeu que não queria falar comigo, pois havia um gravador em minha maleta, que se encontrava numa mesa, ao lado. Ele tanto insistiu em sua afirmação que fiz questão de mostrar-lhe a evidência, abrindo a maleta para provar, definitivamente, seu erro de julgamento, acabando assim com esta discussão sem sentido. Ao abri-la, foi enorme minha surpresa: lá estava o meu gravador, que eu tinha esquecido de recolocar em seu lugar, há alguns dias!

Como um terapeuta convencional, poderia ter simplesmente encerrado a questão, com o diagnóstico de paranoia, rejeitando qualquer outra possibilidade no domínio da paranormalidade. Este exemplo demonstra que pode ser considerado normótica a atitude do psiquiatra ou terapeuta, de recusa e ignorância sistemática, da ciência da parapsicologia.

Darei uma outra ilustração. É bastante conhecido, nos meios psiquiátricos, o chamado sintoma esquizofrênico de *ectoscopia*. Ele se manifesta quando a pessoa denominada de paciente afirma ter visto, ou ser capaz de ver, seu próprio corpo físico, de longe. Acontece que, nas últimas décadas, pesquisas realizadas em inúmeros departamentos de parapsicologia, e também por médicos como Raymond Moody, têm evidenciado que este é um fenômeno paranormal. Esta fenomenologia corresponde a uma realidade própria do estado onírico, ou do relaxamento, ou da experiência clássica, denominada de *Near Death Experience* (NDE). É corriqueira a vivência da saída do corpo físico pelo nosso sistema psíquico e noético. O profissional de saúde que, com uma postura antropológica materialista, resiste aceitar estas evidências científicas pode internar e tratar como esquizofrênica uma pessoa sensível e saudável. Esta é uma atitude iatrogênica e, evidentemente, normótica.

Negação normótica das memórias regressivas

O mesmo afirmo em relação à rejeição preconcebida da possibilidade de terapias de existências passadas por metodologias regressivas ou por rigorosas pesquisas, como a de Stevenson[33]. Esta atitude supersticiosa é uma normose, responsável por psicoterapias e análises intermináveis, devido a reações *contratransferenciais* de terapeutas, os quais bloqueiam a regressão da pessoa ou a rotulam patologicamente, por não compreendê-la.

Lembro-me de um dia em que estava saindo do consultório com uma pessoa, que se tratava comigo. Ela não compreendeu quando meu colega e eu lhe sugerimos para entrar no carro. Sabendo que ela costumava fazer regressões espontâneas a uma outra existência, transcorrida há alguns séculos, quando não existiam

---

33. STEVENSON, I. *Children Who Remember Past Lives.* Charlottesville: University of Virginia Press, 1987.

automóveis, sugerimos que ela entrasse na carruagem. O que ela imediatamente aceitou! Para um terapeuta que não aceitasse ou não compreendesse a existência efetiva de memórias e de vivências retrospectivas, de existências passadas, este seria mais um caso de internamento e de algum eventual tratamento quimioterápico, completamente inadequado. O que seria uma reação normótica do terapeuta, lesiva à saúde mental e física da pessoa.

Jean-Yves Leloup e eu escrevemos um artigo, "Normose e transmissão palingenésica"[34], abordando esta importante questão, publicado numa revista na França. Nele demonstramos que estas vivências se acumulam graças a pesquisas tanatológicas, oníricas, e outras verificadas *in loco*, por diferentes meios: milhares de crianças que se lembram de outras existências, terapias regressivas em adultos ou investigações experimentais sob hipnose consciente, sem qualquer indução de conteúdo.

Tudo indica que a regressão não se detém no nascimento. Existe uma memória intra e pré-uterina, denominada de palingenésica. O que nos chamou a atenção, inicialmente, para esta realidade, é a existência dos tulkus tibetanos, reencarnação de uma mesma sabedoria através de uma especial linhagem. O atual Dalai-Lama é um bom exemplo desta possibilidade.

Após numerosos testemunhos recolhidos, de grandes mestres tibetanos, numa pesquisa anterior demonstramos que os tulkus são seres singulares, muito especiais. Durante suas existências intrauterinas e logo após o nascimento, eles já se demonstram dotados de uma plena consciência. De fato, eles se encontram num estado de superconsciência. A verificação destas consistentes hipóteses, por parte da nova geração de pesquisadores e psicoterapeutas, parece-nos bastante criativa e promissora.

---

34. WEIL, P. & LELOUP, J.-Y. "Normose et transmisión palingénétique". *3e Millénaire*, n. 50, 1998. Paris.

3 Rumo a uma normoterapia

Temos que criar estratégias de tratamento da normose, uma *normoterapia*, que consiste em superar esse conjunto de obstáculos que nos impedem, como mostrou Jean-Yves Leloup, de sermos nós mesmos. Por medo de sermos mal vistos, uma minoria perseguida pelos próprios vizinhos e colegas, medo de sermos considerados anormais. Esse é o grande obstáculo e um desafio a ser enfrentado.

Retornemos ao exemplo da normose do tabaco, em franco declínio, que nos permitirá observar como se efetua a normoterapia. Ou seja, a dissolução de uma normose que tem sua origem específica em sociedades tribais, tornando-se uma normose geral, com a conquista das Américas, pelos brancos.

A primeira fase desta normoterapia foi a divulgação dos efeitos patogênicos, e mesmo letais, do uso do cigarro. As mídias contribuíram muito, de maneira espontânea, na divulgação das descobertas médicas, neste sentido. Esta é a fase social deste processo. O público e a imprensa pressionaram para que medidas legislativas fossem tomadas. O Congresso Nacional votou uma lei, obrigando que toda propaganda de cigarros fossem acompanhadas da advertência: *O cigarro faz mal à saúde*. Estas medidas, em nível social, foram insuficientes, apesar dos inúmeros debates pela TV, reforçados por conferências médicas. Esta primeira fase de *socioterapia* teve que ser complementada por medidas no plano individual.

Com efeito, neste nível, a normose se manifesta como uma dependência física à nicotina. Tornou-se indispensável acrescentar a terapia individual, em suas diversas modalidades. Verificou-se que o uso do cigarro era um modo de aliviar tensões, de ordem eventualmente neurótica. Sua gênese frequentemente se encontra numa identificação com a figura masculina, no caso dos jovens, e numa afirmação masculina, na concorrência do movimento feminista.

Novamente, estamos diante da relação da normose com a neurose. Falando numa linguagem psicanalítica, tudo indica que a normose se instala na formação do superego por identificação com as figuras parentais portadoras dos componentes normóticos.

Esta experiência indica, portanto, que a fase socioterápica precisa ser reforçada no plano individual por medidas psicoterápicas. E quando falamos em terapia, encontram-se implícitos os aspectos educacionais envolvidos. Isto é bastante evidente na normoterapia ecológica, em franca expansão. A normoterapia precisa penetrar nas escolas, nas mídias e nos departamentos de recursos humanos – outra palavra de origem normótica!

Proposições para uma normoterapia

Assim sendo, compreendo que uma normoterapia é realizada em dois níveis, distintos e correlatos. Primeiro, no nível social, podemos acionar as seguintes medidas:

1) pesquisa dos efeitos patogênicos e letais das normoses;

2) divulgação pública dos resultados, pelos órgãos científicos, mídias, entre outros recursos;

3) ação das associações de consumidores, sindicatos e entidades de classes, fundações, organismos da sociedade civil e do terceiro setor;

4) pressão destes órgãos sobre o Legislativo, visando a elaboração e votação de leis adequadas; também sobre as autoridades policiais, quando conveniente;

5) divulgação das leis, por todos os meios, visando sua devida aplicação;

6) sociodramas, dinâmicas de grupo e laboratórios de sensibilização em toda a coletividade onde for considerado oportuno, inclusive a partir do desenvolvimento organizacional holístico.

Segundo, no nível individual, ações no campo educacional e terapêutico:

1) programas específicos de educação nas escolas, pelas mídias e empresas;

2) psicoterapia individual e grupal, em suas diversas modalidades; é conveniente que os psicoterapeutas tenham sido esclarecidos ou formados, na abordagem da normose, para identificar seus sinais;

3) programas educacionais para os pais e as famílias.

Com estas medidas de normoterapia, estaremos contribuindo para uma mudança cultural indispensável, no plano mundial. Há um efetivo exemplo desta possibilidade na Unesco, cujo diretor-geral, Frederico Maior, desencadeou um movimento internacional de transformação da cultura de violência, na qual o mundo está mergulhado, numa cultura de paz e não violência. É também muito grande a contribuição de lúcidos documentos de base que a Unesco tem promovido, desde 1986, para o desenvolvimento da transdisciplinaridade. Implícitas nestas iniciativas pode ser entrevista uma verdadeira normoterapia, em pleno curso.

Existem, ainda, muitos aspectos a serem considerados, merecedores de nossa atenção e pesquisa. Por exemplo, as relações da normose com a evolução humana, rumo à descoberta da verdadeira natureza do Espírito. Acredito que o processo evolutivo, individual e coletivo, em grande parte depende do descondicionamento e da superação da patologia da normalidade. Neste caso, a normoterapia é uma prática evolutiva, como é o caso, também, de todas as psico e socioterapias.

Levantei muitas questões, de forma espontânea. E é a espontaneidade que nos tira da normose, como demonstrou Moreno[35],

---

35. J.L. Moreno, nascido em um barco ancorado em Bucareste, em 1892, criador do psicodrama, sociodrama e da sociometria, como uma terceira revolução psiquiátrica, da espontaneidade e libertação, após a de Pinel e a de Freud.

que falava de normose sob uma outra forma quando criou o psicodrama. Ele falou de *conservas culturais*. Ah! Termo maravilhoso! Você já pensou a cultura em lata de conserva? Que você vai consumindo... A normose é isso!

Enfim, eu estou convencido de que o assunto do século se chama normose. E não podemos nos desviar ou silenciar diante deste desafio, que exige nosso melhor cuidado.

3
Da normose à transparência

Roberto Crema

Uma anciã indígena conversava com seu neto: *Há no meu coração dois lobos, meu filho. Um é furioso, cruel, destrutivo, egocêntrico. O outro é doce, amoroso, compassivo, pacífico. Eles brigam entre si, no meu coração.* E o neto perguntou: *Qual deles vencerá esse combate?* E a sábia respondeu: *Aquele a quem eu alimentar!*

Não é difícil constatar que há dois seres no interior de cada um de nós. Um é gentil, é nobre, é um príncipe, uma princesa. O outro é insensível, perverso, um bandido, um perdido. Vencerá essa batalha aquele a quem nós alimentarmos, com nossa atenção e nosso cuidado. Essa é nossa responsabilidade e é, também, o mistério de nossa liberdade. Nós nos tornamos àquilo que alimentamos em nós mesmos.

A outra face

Nós podemos obrigar alguém a ser escravo. Não é possível obrigar alguém a ser livre, naturalmente. Nesse sentido, a normose é uma grande prisão da qual só escapa aqueles que desejarem e por isso lutarem. Eu quero me referir a alguns aspectos dessa prisão.

O primeiro diz respeito à normose da violência passiva. Mahatma Gandhi[36] falava de dois tipos de violência, a ativa e a passiva. *Eu prefiro um violento a um covarde*, bradava este grande líder.

---

36. Mahatma Gandhi aliou mística e profecia à política, líder pioneiro a professar e praticar a não violência na Modernidade, libertador da Índia.

A violência ativa talvez seja menos prejudicial. Quando agredimos ativamente alguém, pelo menos lhe é fornecida a oportunidade de *oferecer a outra face*, a face humana da nobreza, da consciência. A outra violência, a passiva, é mais perversa, e se traduz por covardia: não fazer nada diante dos descaminhos da humanidade. Em grande parte, a normose se caracteriza por essa violência passiva.

Seguindo as pistas

No final da década de 1970 e início da década de 1980 iniciei a refletir, de forma seminal, sobre o tema da normose. Eis minha resposta a uma indagação do Walmor J. Silva, diretor do jornal *O Estado do Triângulo*, publicada há mais de duas décadas, em *junho de 1981*, extraída de um exemplar que se encontra em meus arquivos:

– *Quem é que precisa de análise transacional?*

– *Bem, eu não gosto de rotular, mas só para me fazer entender: existem as pessoas psicóticas, que cortaram o vínculo com a realidade; existem os neuróticos, que têm grandes conflitos internos e existem os normóticos, o bom cidadão que não utiliza 10% da sua potencialidade para crescer, para pensar, desfrutar, viver, ser feliz, enfim. São os enfermos da civilização. Eu acho que, pelo simples fato de vivermos hoje num mundo com tantas contradições, nós adquirimos uma enfermidade que é mais sistêmica do que individual [...].*

Nesta ocasião, tocava-me muitas indicações, de diversos autores, apontando para o medo de Ser. Rollo May[37], como bem lembrado por Jean-Yves, falando do medo do ostracismo; Erich Fromm[38], referindo-se ao medo à liberdade; Eric Berne[39], indicando o medo à

---

37. MAY, R. *Liberdade e destino.* Rio de Janeiro: Rocco, 1987.
38. FROMM, E. *O medo à liberdade.* Rio de Janeiro: Zahar, 1967.
39. BERNE, E. *O que você diz depois de dizer olá?* São Paulo: Nobel, 1988.

intimidade; Alexander Lowen[40], denunciando o medo à vida; Jung[41], afirmando que apenas aspira à normalidade o medíocre. Frederick Perls faz uma reflexão muito pertinente e interessante: *Eu considero que a personalidade básica de nosso tempo é a personalidade neurótica.*

O reparo que faço é substituir o termo personalidade neurótica por normótica. Pelo menos, um neurótico tem a decência de sofrer conflitos internos, de fazer sintomas, de ter insônia, de se angustiar... A normose é mais cruel porque é mais silenciosa. E, portanto, destrói de uma forma bastante insidiosa e sutil.

Prossegue Perls, criador da gestal-terapia: *Acredito que estamos vivendo uma sociedade doente, onde a pessoa apenas precisa escolher entre participar da psicose coletiva ou correr riscos e tornar-se sadia, e talvez, também, ser crucificado.*

Interessante constatar que ele introduz, nessa breve afirmação, a neurose e a psicose. Escapa-lhe, entretanto, a normose.

Uma filosofia da nobreza

Alguns bons filósofos também indicaram este horizonte de uma normalidade doente, que reprime uma nobreza potencial no humano. Segundo Ernest Becker[42], *ser um homem normal é, para Kierkegaard, ser doente.* Há uma saúde fictícia, caracterizada pela ausência de um sentido maior, por um abandono a uma hipnose coletiva, à insignificância no rebanho, pelo medo de expor-se, de atrever-se a ser.

Nesta direção, Nietzsche também indagava: *Será que existem neuroses de saúde?* A resposta de Kierkegaard é que, não sendo saúde uma *normalidade cultural*, deverá ser algo que transcende os

---

40. LOWEN, A. *El miedo a la vida.* México: Lasser Press, 1982.
41. JUNG, C.G. *Obra Completa.* Petrópolis: Vozes, 1981.
42. BECKER, E. *A negação da morte.* Rio de Janeiro: Record, 1995.

hábitos comuns dos seres humanos. Logra-se a verdadeira saúde por meio de um combate que leva o ser humano a se transcender, a ir além de si mesmo. Para Becker, Chesterton alinhava-se com Kierkegaard, demonstrando que a mente moderna valoriza as características da loucura. É famosa sua afirmação: *Louco é quem perdeu tudo, exceto a razão!* Por sua vez, aproximando-se de nosso conceito de normose, Becker dirá que *a essência da normalidade é a recusa da realidade.*

Para Kierkegaard, o ideal da saúde é o *cavaleiro da fé*: o ser humano heroico, que se entrega às forças vivas do Mistério, à energia divina, no destemor da morte. Este conceito converge com o do *homem nobre*, dotado da riqueza interior, capaz de transfigurar a existência cotidiana, postulado pelo Mestre Eckhart. Na mística *eckhartiana*[43], a nobreza do ser humano consiste no abdicar-se dos desejos pessoais egocêntricos, transcender o pensamento e libertar-se de causas e motivos exteriores, refugiando-se na onipotência redentora do amor, num contato direto com o divino, sem intermediário algum.

A água morna da normose

Narro-lhes uma estória sufi, bastante elucidativa[44]: *Certo dia, há muito tempo, Khidr, o mestre de Moisés, dirigiu uma advertência ao gênero humano afirmando que, em determinada data, todas as águas seriam transformadas, fazendo os humanos enlouquecerem. Somente um homem prestou atenção à advertência. Recolheu uma quantidade de água suficiente para ele, armazenando-a, precavidamente. No dia indicado, as torrentes deixaram de correr e os poços secaram. Observando o que ocorria, o homem foi a seu refúgio e bebeu*

---

43. FAGGIN, G. *Meister Eckhart e a mística medieval alemã*. São Paulo: ECE, 1984.
44. CREMA, R. *Análise transacional centrada na pessoa... e mais além*. São Paulo: Ágora, 1984.

da água guardada em seu reservatório. Quando notou as fontes jorrarem novamente, foi misturar-se aos outros homens, e observou que todos estavam totalmente loucos. Quando tentou dialogar com eles, percebeu que o olhavam de forma estranha, tratando-o com hostilidade ou pena, como se ele estivera louco!...Em seu ostracismo, ele seguiu bebendo, de início, da água guardada. Finalmente, resolveu beber da nova água, por não poder suportar mais a tristeza de seu isolamento. Tornou-se, então, igual aos outros, esquecendo inteiramente de tudo o que se tinha passado com as águas. Seus semelhantes, aliviados, passaram a encará-lo como a um louco que fora devolvido à razão, milagrosamente.

Esta estória ilustra bem que, no meio onde a normose domina, uma pessoa saudável poderá ser rotulada e perseguida como doente. E o que estamos indicando, neste simpósio, é que não precisamos tomar a água contaminada da normose coletiva. Podemos ser *a maioria de* um, na lúcida provocação de Thoreau[45].

Parece-me que a normose pode ser compreendida como a sétima Igreja do Apocalipse, a de Laodiceia[46], em minha leitura, a mais severamente admoestada: *Conheço tua conduta: não és frio nem quente... Porque és morno, nem frio nem quente, estou para te vomitar de minha boca!*

São interessantes os conselhos dados a esta igreja, neste texto de sabedoria perene: ouro purificado no fogo, vestes brancas e um colírio para ungir os olhos, de forma a que possam enxergar.

O ouro da consciência no fogo da transmutação. As vestes brancas, que lembram essa tarefa do batismo nosso de cada dia, a purificação das velhas memórias, dessa conserva cultural, da qual Pierre se referia. Mas, fundamentalmente, um medicamento des-

---

45. THOREAU, H.D. *Walden ou A vida nos bosques.* São Paulo: Global, 1985.
46. Igreja de Laudiceia, a sétima do Livro do Apocalipse 3,3.

tinado a abrir os olhos, a cura da visão, para que possamos ver o óbvio, conscientemente.

Uma abertura do olhar

Precisamos de uma *escola do* olhar, como afirma Jean-Yves, em seu livro *L'Icône, une école du regard*[47]. Ver antecede conhecer. Não é possível saúde e plenitude se não abrirmos os nossos olhos, se não resgatarmos uma visão clara. *Meu olhar é nítido como o girassol*, diz o poeta Pessoa.

Recordo-me de uma passagem divertida. Em 1978, estava com o amigo Rolando Toro, o criador da biodança, no famoso Isalen Institute, localizado em Big Sur, na Califórnia. Nesta ocasião, introduzimos a biodança numa universidade californiana.

Estávamos nos banhando, naquelas banheiras naturais de Isalen, com águas quentes vulcânicas, uma majestosa lua cheia iluminando uma visão bela do Oceano Pacífico. De acordo com a cultura local, todos os homens e mulheres que se banhavam estavam nus. Quando partimos de carro, de volta para San Francisco, Rolando Toro, notável criador de uma terapia não verbal, do gozo de existir, segreda-me nos ouvidos, quando o casal de amigos que nos acompanhava estava dormindo: *Roberto, como é terrível a resistência no olhar! É maior do que sempre soube. Você acredita que não consegui ver nem os peitos daquelas mulheres?!...* Onde está o colírio, capaz de abrir os nossos olhos, à nudez do instante?

Normose da especialização

O segundo aspecto da prisão referida é a *normose da especialização*, precisamente, uma estreiteza do olhar e da escuta. Gosto

---

47. LELOUP, J.-Y. *Licône, une école du regard*. Paris: Lê Pómmier-Fayard, 2000.

muito da tese de Buckminster Fuller[48] sobre a origem da especialização, que coincide com o início da globalização, com as grandes descobertas marítimas do século XVI. Fuller afirma que, quando aqueles *grandes piratas* entraram em contato com outras civilizações, aprendendo outras formas de ver, de saber e de fazer, eles se deram conta de que adquiriam mais poder e domínio em relação aos demais, encerrados no jugo de uma só cultura. Então, a partir de um princípio bélico, *dividir para* conquistar, eles inventaram a especialização como *uma forma ornamental de escravidão*.

Neste enfoque, todos se tornam dependentes de todos, cada qual com um saber e fazer minúsculo, desprovido de uma visão de totalidade. Eis uma agenda secreta da especialização: subjugar os carentes de uma visão mais vasta, por parte dos que enxergam mais: a repressão da visão como uma forma de dominação. Como afirma o ditado popular, *num reino de cegos, quem tem um olho é rei*.

Não se coloca viseira nos cavalos para que eles carreguem suas carroças sem resistência, sem questionamento?... Compreender implica ver a vinculação da parte-e-o-todo. Com olhos abertos, podemos ver uma árvore, sem perder de vista a floresta; contemplar a floresta, sem perder de vista uma árvore particular. Sinergia da visão analítica com a sintética, implícita no novo pacto da transdisciplinaridade. Visão aberta e uma escuta inclusiva, duas virtudes integradas na apreensão justa da realidade.

Eis minha definição do especialista normótico: uma pessoa exótica, que sabe quase tudo de quase nada, dotado de uma certa imbecilidade funcional, que se orgulha da unilateralidade de visão e de ação, dotado de uma viseira elegante que lhe impossibilita a visão da inteireza. Carregando, assim, sua carroça não se sabe de onde e nem para onde...

---

48. FULLER, R.B. *Manual de operação para a espaçonave Terra*. Brasília: Edunb, 1985.

Este lema, tão valioso para nós, *pensar globalmente e agir localmente* – para não agir loucamente! –, exige a vastidão do olhar e da escuta. Para que a ação tenha um sentido, um oriente, uma orientação.

O desabafo de Reich

O texto que mais me arrebatou e sensibilizou em relação às minhas primeiras suspeitas e reflexões sobre a normose, na década de 1980, foi um pequeno libelo de Wilhelm Reich[49], *Escuta, Zé Ninguém*. O Zé Ninguém, por ele abominado, é o que nós denominamos de normótico: a pessoa sem face, *homem comum*, levada pelo rebanho, na mediocridade generalizada.

Reich relata como descobriu, primeiro ingenuamente, o que ele passou a chamar de Zé Ninguém, como uma pessoa inofensiva, que se desconhece, que não olha sua realidade, uma pessoa adormecida. Gradativamente, entretanto, ele vai se dando conta do perigo desta *praga emocional*, que crucifica, joga em fogueiras e faz tomar cicuta os seres mais nobres, que se diferenciaram e se tornaram, plenamente, humanos. Finalmente, ele escreve *O assassinato de Cristo*, identificando-se com o herói desta saga, tendo terminado seus dias, alguns dirão que louco, num presídio dos Estados Unidos.

Depois de ter desvelado, de forma genial, a couraça caracterológica, ou seja, o correspondente muscular ao que Freud chamou de resistência, Reich mergulhou no estudo do *orgone*, uma energia cósmica e curativa. Fascinado por suas descobertas revolucionárias, Reich pagou muito caro por ter denunciado tantas contradições da normose da época, na década de 1940, mesmo residindo numa nação que se fez famosa por sua democracia.

---

49. WILHELM, R. *Escuta, Zé Ninguém*. São Paulo: Martins Fontes, 1981.

A normose da fofoca

Então, é preciso falar de uma violência que o próprio Wilhelm Reich indicava, e da qual ele foi vítima, que é uma decorrência da violência passiva: a *normose da fofoca*. Em meus cursos universitários de psicologia e ciências sociais, meus professores jamais trataram deste fenômeno social, tão comum e avassalador. Como postulou bem José Ângelo Gaiarsa[50], discípulo de Reich, em seu *Tratado geral sobre a fofoca*, fofocar é falar de uma terceira pessoa, ausente, de forma tendenciosa. É a forma mais comum e terrível de controle social, na qual todos vigiam todos: os que se desviam dos trilhos da normose sujeitam-se à tirania da fofoca. Em suas reflexões, Gaiarsa fala de uma *normopatia*.

Existe a fofoca intrapsíquica, interpessoal, internacional... A intrapsíquica tem a ver com um fato muito singelo – ninguém cresce impunemente. Se você quiser crescer, terá que desobedecer às suas velhas decisões, essa cultura particular adquirida na primeira infância e internalizada, conservada por meio de diálogos internos intermináveis. As autoridades que foram introjetadas continuam a exercer seus jogos despóticos, na interioridade subjetiva, para nos manter nos eixos da normose social.

Se você quiser ir além de suas velhas e precoces decisões, vai contrariar interesses, desobedecendo a uma autoridade ativa interior que revidará, às vezes, com sintomas psicossomáticos, que expressam autopunições inconscientes. É por isso que a redecisão, em psicoterapia, precisa ser antecedida pela reparentalização, ou seja, da internalização de novas mensagens positivas. Reparentalização, no enfoque da análise transacional, é o processo de aquisição de novos valores, de um novo pai, de uma nova mãe, de uma autoridade benevolente, de um suporte interior. De outra forma,

---

50. GAIARSA, J.Â. *Tratado geral sobre a fofoca.* São Paulo: Summus, 1978.

desobedecer ao programa interior pode implicar pagamento de penitências, pelo rompimento de tabus interiores e inconscientes. A pessoa pode se infringir uma perda, um sofrimento, um sintoma.

A fofoca interpessoal é bem mais visível. A transformação de uma pessoa pode ameaçar seus parceiros e vizinhos. Padrões interacionais disfuncionais e simbioses, antes adotados, podem não mais interessar à pessoa que se desenvolve. Então, são comuns reações deste tipo: *Mas você não é mais o mesmo! Você está diferente; não quer mais jogar conversa fora, fumando e bebericando, como antes. O que aconteceu com você?...* Por isso, quando uma pessoa inicia um processo terapêutico, um caminho de individuação, terá que atravessar esses medos – o medo de perder os amigos, o medo de ser abandonado, de ficar só. O terapeuta é aquele que lhe dá a mão, de alguma forma dizendo: *Eu não posso lhe salvar, porém eu posso caminhar ao seu lado. Confio que você não perderá os verdadeiros amigos, porque as verdadeiras amizades nós jamais perdemos. Nós só perdemos as ilusões.*

Enfim, há outras fofocas, utilizadas em jogos de poder, que podem desestabilizar e destituir autoridades, destruir lideranças e governos.

Julgar é não compreender

Considero um princípio muito importante o de não falar *de* pessoas; falar *com* pessoas. Pessoas são processos infindáveis. É o que traduzo indagando: Alguém aqui já viu um rio? Ver um rio é vê-lo da sua nascente ao seu desaguadouro. Alguém aqui já viu um ser humano?... Assim como não vemos todo o rio, apenas alguns de seus trechos, um ser humano também é inapreensível no mistério de sua totalidade. Por isso os grandes mestres sempre nos advertiram para não julgarmos. O julgamento é a falência da compreensão. São os nossos atos que nos julgarão.

O ser humano é uma vastidão maior do que a de um rio. Porque os rios circulam pelo ser humano. E é nesse sentido que a perversidade insidiosa da normose da fofoca e do julgamento tem trazido tantos danos. Importa falar de princípios que possamos praticar em nossas relações com pessoas. Esta postura evita os jogos das condenações, promovidos pelo instrumento da fofoca.

Ousar transparecer

Como se livrar do jogo da inautenticidade? A partir do exercício da intimidade. A intimidade, entretanto, intimida. Há cerca de vinte anos, quando mencionava a normose – alguns que fizeram cursos comigo, em Análise Transacional, talvez ainda se lembrem – representava-a colocando a estrutura egoica dentro de um quadrado. Quer dizer, um ego encapsulado num quadrado, trancafiado nas normas parentais, sociais, culturais.

Imaginem um ser que viveu muitos anos no interior de uma pequena toca. Um dia, ele se dá conta de que há uma abertura, através da qual ele avista a imensidão da natureza que a cerca. Naturalmente, esta visão é muita assustadora. Para o despreparado, a prisão da toca pode ser mais atraente do que o desconhecido da liberdade. E é por isso que precisamos ter muita paciência uns com os outros, pois a liberdade representa um grande desafio. Os trilhos do conhecido são muito convidativos, porque as trilhas criativas da originalidade, muitas vezes, nos arranham, nos levam a tombos e a equívocos. Precisamos amadurecer para o desafio da ousadia, ousar transparecer, ousar ser.

A normose da fofoca decorre da falta de transparência e do medo da intimidade, do encontro autêntico e sincero. Viver intensa e transparentemente é a antítese dos jogos tóxicos e enfadonhos da fofoca.

Recentemente, tivemos um encontro com Bob Walter, o Presidente da Fundação Joseph Campbell. Antes de seu seminário, ele esteve com um pequeno grupo, em meu consultório. Pedi-lhe que nos falasse de sua vivência com Joseph Campbell, um grande sábio, navegante afoito do universo dos mitos, que ele considerava a véspera da verdade, uma poética da própria vida. Para Campbell, o mito mais vital de nosso momento histórico é o de um globo azul, sem fronteiras, nossa casa comum flutuando no espaço infinito.

Essência e transparência

Bob Walter nos contou que, já com cerca de 80 anos, Campbell foi convidado para prestar uma homenagem aos 83 anos de Graf Durkheim[51], na Floresta Negra, na Alemanha. Eles eram amigos, já haviam se encontrado, mas Joseph Campbell declinou do convite, afirmando não estar atualizado, em relação à obra de Durkheim. Então, Walter colocou dois livros recentes do Graf Durkheim na mesa do Joseph Campbell.

No dia seguinte, ele o encontra agitado e entusiasmado, exclamando: *Esse homem sabe, esse homem sabe! Ele consegue expressar o que eu estou tentando há décadas. Ele fala em transparência. Eu quero homenagear esse homem.* E foi um encontro muito bonito e tocante o de Joseph Campbell com Graf Durkheim, dois anciãos sábios, enamorados pela causa humana.

Graf Durkheim definia a saúde plena como uma condição em que *a essência transparece na existência*. Não é você estar livre de sintomas. Não pense que um Buda não tem problemas, que ele não chora e não se agonia. A diferença entre Buda e o Zé Ninguém é que os problemas de Buda são verdadeiros, são problemas do

---

51. Karlfried Graf Durkheim, catedrático de psicologia e filosofia na Universidade de Kiel, dirigiu um centro de formação e de encontro de psicoterapia iniciática na Floresta Negra, Alemanha. Escreveu cerca de quinze livros sobre sua abordagem iniciática, destacando-se os clássicos *Hara – o centro vital do homem*; *Pratique de la voie intérieure* e *Le Don de Grace*.

instante. Enquanto os do Zé Ninguém são problemas fictícios, ilusões do passado, ficções do futuro.

Nunca reze para não ter problemas, pois é este enfrentamento que nos fortalece as raízes e asas, temperando, em nós, o aço do Ser. Peça pelos verdadeiros problemas, pelo bom combate, pela graça da transparência. Essa nobreza que habita dentro de nossos corações, esse sol que existe no relicário do Ser e que transparece no olhar e nos passos de um ser humano pleno.

A tarefa iniciática

Às vezes, em dias nublados, as pessoas comentam que não há sol. O que se passa, entretanto, é que existem nuvens; o sol está sempre aí. O sol da essência está sempre brilhando, sempre esteve, sempre estará. A tarefa iniciática é a de afastar as nuvens da ignorância existencial para que a luz do sol transpareça. Este é o tema da transfiguração, tarefa portentosa que solicita muita paciência e total empenho.

Lembro-me de um sonho que eu vivi há cerca de vinte anos, que relato no livro *Análise transacional centrada na pessoa*. Nele, *o Papa João Paulo II aparece e diz: "O caminho é o ABC. A de atenção, B de vida e C de calvário"*. Acordei impactado, e o registrei imediatamente. Levei muitos anos buscando decifrar essa profunda simbólica. Há onze anos, em 1991, numa certa madrugada, despertei com a mente totalmente silenciosa, a mão necessitando escrever. Então, ouvi o que denomino de *mensagem do* deserto, que termina assim:

> Navegantes do espaço,
> não há descanso
> antes do último suspiro da obra em construção.
> Morra em cada ação. Atenção!
> Em cada passo, dance. Vida!
> De cada dor, renasça. Calvário!
> Desertos, desertos e desertos.
> Numa só Voz, todas as vozes: OM

Morra em cada ação – Atenção. Eis é a arte de morrer, que Jean-Yves Leloup[52] interpreta num livro, de maneira tão lúcida e vasta. A arte alquímica de morrer para o passado e para o futuro. O pão e o sonho nosso de cada dia – não o de ontem ou do amanhã. *Que os mortos enterrem os mortos...* Cada dia traz seu passo, sua dor, sua lágrima. Plena atenção é a arte de morrer a cada instante para poder recriar a si mesmo e a realidade.

Em cada passo, dance – vida. É preciso dançar, jamais deixar de brincar. Talvez o maior problema consista em se levar a encarnação demasiado a sério! Absolutizamos o relativo e tombamos ao lado do sol da essência, eis a grande tragédia.

Quando eu era criança, me dei conta de que o mundo andava muito mal frequentado. Então, assumi duas atitudes de sobrevivência: não levar nada demasiado a sério. Vá você levar a sério a mãe, o pai, os vizinhos, o prefeito, o padre!... A outra atitude foi a de olhar o positivo nos outros, e a sombra dentro de mim. *Pesquisai tudo e retendes o bem*, afirmava Paulo. Entre em contato com tudo, com todas as pessoas, retendo o bem, o belo, o bom.

A ética da bênção

Essa é uma ética da bênção, postulada no Colégio Internacional dos Terapeutas. Fazer a aliança com o bem, o belo e o bom, ou seja, com o sol do outro. Confiar e apostar nessa dimensão solar. A porta na qual você bate é a que vai se abrir.

Se você bate na porta da patologia, se você trata o outro apenas como um neurótico ou um psicótico, ou um normótico, essa é a porta que vai se abrir. A porta da sabedoria, da nobreza e da divindade potenciais se abrirão, certamente, quando você se curva diante do outro numa atitude de respeito, que afirma, *Namastê*:

---

52. LELOUP, J.-Y. & HENNEZEL, M. *A arte de morrer*. Petrópolis: Vozes, 1999.

Deus em mim se inclina diante de Deus em você. Ou *Namascar: os Deuses em mim se inclinam diante dos Deuses em você.* Ou *Namu Amida Butsu: o Buda Amida do meu coração se inclina diante do Buda do seu coração.* Isso pode ser um exercício. Eu sugiro que vocês o façam durante este retiro.

Há uma estória que eu gosto muito: Num certo monastério, as pessoas fofocavam demais. E isso estava ficando insuportável, levando todos a um estado de infelicidade. Todos julgavam todos, não havia mais confiança. O diretor-geral do monastério resolveu procurar um sábio ermitão. Ao chegar a esse sábio, ele contou sua tragédia: *Na minha cidade da paz, todos estão brigando, todos estão contra todos. O que eu posso fazer?* O sábio olhou para ele e disse: *Eu sei qual é o problema. É que Buda está escondido e disfarçado em um de vocês.*

Encantado, o diretor voltou para o monastério se perguntando: *Será que o Buda se disfarçou no nosso jardineiro? Mas ele é tão distraído!... Será que é o carpinteiro? Será que...?* Lá chegando, reuniu todos para dizer a boa notícia: *Nosso problema é que Buda se disfarçou em um de nós!* Todos se entreolharam, com um novo olhar. E a partir desse momento a paz retornou a esse monastério.

Mudar o mundo é mudar o olhar... A paz pode retornar, dentro e fora de nós, quando nos tornamos caçadores de Buda. Faça disso um exercício: imagine que todos são Budas, exceto você.

Sem esquecer – me perdoem a palavra não gentil – que o bundão de hoje é o Buda de amanhã!... Se negarmos nossa realidade cheia de imperfeições de agora, estamos negando também o Buda que nascerá um dia, o Self que brota do ego, como a borboleta da lagarta... Eis a importância da virtude da paciência conosco mesmos e com os demais, na confiança de que todos estamos condenados à plenitude.

A face da nobreza

Olhar para o outro como quem olha para um ser humano nobre pode fazer com que o mundo, imediatamente, torne-se mais bem frequentado. É a pura magia do olhar, que tem uma função estruturante. A forma como olhamos para o outro e para nós mesmos tem o poder de estruturar, de constituir. Como diz Jean-Yves, *você se torna aquilo para o qual você olha*. Se você só olha o pequeno, o Zé Ninguém, esse é seu futuro. Mas, se você olha o bem, o belo e o bom no outro, será esse, também, seu amanhã.

Em cada passo, dance, viva! Dançar o instante, com leveza. Não nos levar demasiado a sério. Nós estamos brincando, aqui, de participar de um simpósio, de um retiro. E, se nós brincarmos bem, ajudaremos uns aos outros nesse processo do despertar.

De cada dor renasça – calvário! Talvez, esse seja o telefone que toca mais difícil de atender. Renascer da dor. Graças a Deus, graças à dor!

Ocorre-me a lembrança de uma ocasião na qual John Pierrakos[53] estava animando um seminário, na Unipaz. No trajeto de minha casa para a Unipaz, vivi uma catarse súbita: comecei a chorar, um choro totalmente diferente. Não chorava por algo particular, era difuso e total, por mim e por todos. Tive que parar meu carro, pois não conseguia continuar dirigindo. Então, brotou um poema de minha alma profunda, dirigido à própria Anima, em seu itinerário rumo ao Ser:

>Oh, amada minha!
>Eu te busquei nas lendas.
>Eu te busquei nos tempos.
>Eu te busquei nos montes.
>Eu te busquei nas quedas.
>Eu te busquei nos sonhos.

---

53. PIERRAKOS, J.C. *Energética da essência*. São Paulo: Pensamento, 1993.

> Eu te busquei nas águas.
> Eu te busquei no lodo.
> Eu te busquei no lótus.
> Eu te busquei nas quedas.
> E, ainda mais que tudo,
> nos desertos te busquei.
> E depois de tanta busca,
> foi na dor que te encontrei.

Que isso não seja um anúncio masoquista, de que a dor é positiva e de que devemos idolatrá-la. Precisamos fazer tudo para viver feliz, para transcender a dor. Agora, se ela está aí, se o calvário comparece em nossa trilha, então precisamos atravessá-lo, com a dignidade possível.

O tantra da dor e do gozo

Às vezes, a dor é impessoal, envolvendo a humanidade, o universo. Então, podemos vivenciá-la no sentido do sacrifício, de forma não egocêntrica, ofertando a experiência da dor para amenizar a dor do mundo.

Da mesma forma, podemos vivenciar a felicidade, o gozo, a alegria. Podemos oferecer até mesmo o orgasmo a todos os seres de todos os universos. Sugiro-lhe esta experiência, sabendo que você a esquecerá muitas vezes... Ofereça seu próximo orgasmo para todos os miseráveis, os excluídos, até mesmo para os demônios, que precisam tanto, para os que estão fazendo a guerra... Neste momento, você não estará distante do Taoísmo e do Tantra do Amor.

Em meu caso particular, o meu *karma* é muito pesado, como o abacaxi. Adoro tanto esta fruta que sempre a saboreei de forma muito egoísta, escolhendo seus pedaços mais doces, sem nenhuma piedade, mesmo diante dos olhares, também doces, de meus filhos... Confesso que precisei exercitar muito o karma-yoga com meu apego ao abacaxi. Um belo dia estava saboreando uma porção tão suculenta e deliciosa que não deu para aguentar; decidi que aquilo não poderia ser apenas para mim. Então, numa atitude inusitada, ofereci aquela delícia para todos os seres que sofrem, em todos os universos. Creio que, nesse dia, as grades do presídio da minha normose se ampliaram um pouquinho...

Portanto, o que estamos aqui refletindo nos envolve a todos. O Zé Ninguém da normose está dentro de cada um de nós; não o procure fora. Busque no outro o Buda; em seu interior, fique atento ao pequeno, ao normótico. Essa é uma boa estratégia, isso eu lhe garanto.

Finalmente, quero concluir com um poema de João da Cruz, a sua oração ao pássaro solitário. Em cinco capítulos, este nobre homem resume uma prece, que pode ser a nossa prece neste momento, dirigida aos seres alados no coração de nosso encontro:

>Primeiro, voe ao ponto mais alto.
>Segundo, não anseie por companhia, nem a de sua própria espécie.
>Terceiro, dirija seu bico para os céus.
>Quarto, não tenha uma cor definida.
>Quinto, que seu canto seja suave.

PERGUNTAS E PARTILHAS

1 Sobre a normose estética

Podemos falar de uma normose da estética: operações plásticas, lipoaspiração etc.? Uma normose da moda, de grifes?

Pierre Weil

Muito obrigado pela pergunta tão interessante. Embora eu nunca tivesse pensado nisso, minha resposta imediata e fulgurante é sim! Existem aspectos normóticos da estética e da moda. Estou pensando, por exemplo, na moda que deforma ou deformava os pezinhos das japonesas, em nome de uma estética que auferia beleza aos pés pequenos, o que determinava que as japonesas torturassem seus pés em moldes para que não crescessem.

É um exemplo de flagrante violação deformante, do ponto de vista da saúde.

Lembro-me da imagem do *soutien*, que é, em primeiro lugar, uma falsidade. Ele é um instrumento de manutenção da estética do seio nas mulheres ocidentais. Já entre os africanos, quanto mais os seios das mulheres são caídos, mais são considerados bonitos. Agora, há quem diga que, para manter os seios bem firmes e pontiagudos, há uma necessidade de precaução e cuidado médico e fisiológico, para evitar a ruptura dos ligamentos que os sustentam. Logo, isto se aproxima, pelo menos, de uma normose estética.

Roberto Crema

Quero fazer uma ampliação, destacando um certo culto narcisista de uma beleza exclusivamente exterior e que, muitas vezes, inflige danos. Hoje sabemos que a anorexia[54] é algo muito presente, inclusive aqui no Brasil; uma tortura a que as mulheres se submetem, e também alguns homens, para estarem de acordo com um padrão que não respeita a individualidade, a pluralidade, a diversidade. Nesse sentido, poderíamos falar num certo consumo compulsivo e normótico de medicamentos, dietas e um abuso de cirurgias estéticas. Conheço pessoas que, se estivessem utilizando, nos caminhos meditativos e evolutivos, o tempo, a energia e a economia que usam com aplicação de cremes e em exercícios físicos, meramente para manter uma estética, de acordo com um padrão da mídia, já teriam se iluminado!...

Finalmente, destaco uma distorcida ginástica mecanicista, advinda da academia militar, que consiste em manter a barriga para dentro e o peito para fora. Geradora de uma hipertrofia muscular e egoica, estilo *Rambo*, que se encontra na moda. Esta postura estrangula o *hara*[55], o centro localizado no ventre, tão precioso na tradição *zen,* e para quem pratica autênticas artes marciais. Estas artes, de natureza meditativa, surgiram em templos articulando e associando o movimento, o gesto físico, à respiração e à consciência. Essa é a beleza de um Tai-Chi-Chuan, de um Aikido, do caminho do *samurai*, termo que significa *servidor da paz.*

O automatismo na ginástica, que se circunscreve a uma musculação meramente mecânica, mesmo sendo algo melhor do que ficar estagnado no sedentarismo, reforça uma normose da mecanicidade.

Na época em que Pelé era Ministro dos Desportos, fui convidado a dar uma palestra para toda a sua equipe, em nível nacional,

---

54. *Anorexia*, distúrbio grave de inapetência, uma fobia alimentar, que pode conduzir à morte.
55. *Hara*, expressão japonesa que significa *ventre*, centro vital do ser humano, de acordo com a tradição zen e as tradicionais artes marciais do Japão.

em São Paulo. Numa feliz sincronicidade, foi neste evento que eu lancei meu livro, *Saúde e plenitude*, que me foi enviado para o hotel onde estava pela editora Summus, localizada nesta cidade. Para este público especial, com uma escuta sensível e aberta, focalizamos o tema de uma prática física integrada à alma e à consciência, além dessa normose desintegrativa, mecanicista e narcisista. O Ocidente tem muito a aprender e a trocar com o Oriente, nesta pesquisa transdisciplinar aplicada à saúde integral.

A verdadeira beleza advém de uma integração do corpo com a alma e a dimensão noética, atravessadas pela Chama da Vida. Confesso que estou bem mais para Teilhard de Chardin do que para Pierre Cardin!...

Jean-Yves Leloup

A questão da normose estética nos remete ao tema que já refletimos anteriormente: o que é o bem, o que é o mal? O que é o belo, o que é o feio? Novamente, encontramos os inquisidores, que existem também no mundo da moda, que vão nos dizer *isso é bom, isso é mal, isso é bonito, isso é feio*. E, de novo, entramos na mesma dependência e na mesma alienação.

Como ficar livre diante da moda? Temos que reconhecer que estar livre não é só negar ou rejeitar. A propósito da cirurgia estética, gostaria de falar de Ivo Pitangui, o grande cirurgião brasileiro. Ele me disse que, por trás de uma pesquisa estética, existe um processo de terapia e de cura.

Ivo Pitangui afirmou-me que existe uma arqueologia estética. Nossa discussão foi muito interessante, pois nos perguntávamos: *Afinal, o que é a beleza?* Ele indagou-me sob o ponto de vista dos antigos. Para os antigos não havia beleza sem verdade e sem bondade.

Para Platão, a beleza era o esplendor da verdade. Por isso, alguém que é verdadeiro sempre é belo, mesmo quando seus traços são grosseiros, mesmo quando seu corpo está doente. Creio que todos já acompanhamos alguma pessoa muito doente, mesmo no leito de morte, constatando que, naquele corpo fatigado, naquele rosto desfigurado, podemos ver a beleza. Uma beleza que não é apenas exterior: é a transparência, a transparência de uma forma exterior a uma presença interior. Existe um elo entre a verdade e a beleza, assim como entre a beleza e a bondade. Podemos conhecer, também, homens e mulheres muito belos e muito frios, como a beleza das estátuas – essa não é a beleza do ser humano.

Em francês existe uma expressão para afirmar que *alguém tem uma graça*. A palavra "graça" tem a mesma etimologia da palavra "gratuidade", é uma qualidade de dom. A graça é a bondade que se doa de graça. Existe uma beleza que se guarda, como a beleza das lojas, mas também existe a beleza que se doa, a beleza "cheia de graça". Talvez seja essa a beleza que devemos aspirar: a beleza daquilo que expressa em nós a bondade e a verdade. Não é a beleza das máscaras, mas a beleza de um semblante. Não é somente a beleza das aparências; é a transparência de nossa aparência na presença do Ser.

Assim, temos uma cirurgia arqueológica a fazer: reencontrar nossa origem, nossa beleza original. A beleza da criança que não se importa se é bela ou não, que, simplesmente no dom de seu ser, está cheia de graça, plena de uma beleza viva.

2 Sobre a normose da velhice

Roberto Crema

Talvez ainda haja uma pontuação importante. Parece-me que a normose estética decorre de outra normose – da negação da impermanência, da negação da morte, muito bem pesquisada por Ernest Becker.

Sustento que a velhice é uma normose. Não é do ser humano saudável envelhecer. Nós passamos como tudo o mais que existe. É belo passar quando aceitamos a impermanência e o próprio sentido da passagem.

Por isso, gosto de falar das estações da existência. Cada estação tem sua beleza, desde que a pessoa atualize seus valores para que eles estejam em ressonância com a própria estação.

A primavera é o tempo-espaço de inclinar o coração para aprender. O verão, uma ocasião de inserção na sociedade, a partir de uma prática vocacional e do exercício da cidadania. O outono, um tempo generoso, de oferta dos frutos da própria colheita. O inverno, a estação de preparação para o retorno ao Lar. Assim, juventude não é uma questão de idade cronológica: é um estar desperto, inteiro e afinado com a estação da existência. Juventude é um estado de consciência capaz de aceitar o que é, um estado de abertura para o amor, para a transmutação dos valores do ter, do poder, do parecer, para os valores do Ser. Como afirma Jean-Yves, um estado de transparência à nossa verdade original.

3 Reflexão sobre normose ambiental

Regina Fittipaldi

Gostaria de pedir licença para abordar um aspecto da normose sobre o qual é fundamental que nos debrucemos, por denunciar nossa falta de amor e cuidado para com nosso planeta. Falar um pouco sobre esse sono que tem nos conduzido a uma total desconexão com nossa própria condição humana, assim como a um profundo distanciamento da natureza como um todo. Que traduz a ausência de uma relação sistêmica com a totalidade que a Mãe Natureza em toda a sua sabedoria vem tecendo há bilhões de anos. A normose tem envolvido em véus compromissos ancestrais para coma harmonia e o equilíbrio da Vida, fazendo de nós – humanidade – agentes de um processo destrutivo e desagregador. Um processo cuja face dramática é preciso denunciar e encarar com indignação, para que possamos mudar o curso desta série de ações violentas e absurdas que tem caracterizado a dita civilização moderna. Afinal todos, sem exceção, temos a mesma origem, somos filhos da mesma Terra Mãe, que os gregos chamavam Gaia, organismo vivo.

Na verdade, essa desconexão normótica tem norteado as atitudes da grande maioria dos seres humanos para com o planeta num total desrespeito pela teia da vida, tratando toda a rica biodiversidade, as florestas, os oceanos, as montanhas, os campos, os animais, toda a existência na Terra enfim, como se fosse nada mais que um mero cenário para a manifestação das ações humanas. Anestesiamos e banalizamos o que deveria ser o deslumbramento por nos sabermos o resultado de um processo extraordinário de inter-retroconexões movidas pela ânsia da vida por si mesma, no qual a aventura humana se efetivou quando 99% de todos os ecossistemas estavam organizados e em seu relativo e delicado equilíbrio.

A esse propósito, Leonardo Boff[56] expressa, com a maior propriedade, esse florescimento da expressão humana em meio a todo o processo evolucionário da vida quando fala que da humanidade *entendida como a própria Terra que alcançou o estado de sentimento, de pensamento-reflexo, de responsabilidade e de amorização.*

A normose nos fez esquecer que o surgimento da vida humana expressa a subjetividade subjacente em toda a rica evolução da matéria, e que esse fato, por si só, já estabelece laços e compromissos com toda expressão da vida.

---

56. BOFF, L. *Ethos mundial.* Brasília: Letraviva, 2000.

Cuidar da casa

É fundamental, pois, que passemos a alimentar uma postura com uma consciência do global e do local. Somos convidados a edificar uma nova era das civilizações. Que ética, que moral importa viver nestes próximos tempos?

A atitude normótica remete a maioria a uma atitude de sono e de inércia. Para aqueles mais despertos, há uma dolorosa sensação de impotência diante do alarme ecológico. Mesmo esses últimos acabam por transferir para *além do meu quintal* a responsabilidade que é de cada um. A atitude de cuidar da casa, da morada, do *ethos*, é de cada ser que respira, se movimenta, se alimenta, gera resíduo. A teia da vida manifestada, de uma anêmona do mar a um angico, de uma vaca no pasto a uma andorinha, faz sem dúvida a sua parte, enquanto que nós humanos, ditos civilizados e modernos, terceirizamos essa corresponsabilidade.

A normose nos aprisiona em um sono do qual é preciso despertar a fim de começarmos a perceber e agir diante dos sinais de esgotamento dos recursos naturais, que denunciam que tudo depende da salvaguarda da Terra para a manutenção das condições de vida e de reprodução para a humanidade. Temos notícias históricas de colapsos e cataclismos que baniram do planeta determinadas espécimes. Mas a vida, em sua extraordinária conspiração e criatividade, tem continuado seu processo evolucionário, a despeito dessas extinções. Assim sendo, o projeto *harmonizar a humanidade com o planeta* nos parece ser uma precondição fundamental para que se possa viabilizar qualquer outro projeto, pois estamos falando de sobrevivência de uma Terra e dos seus filhos e filhas. Essa consciência precisa ser assimilada e vivenciada, urgentemente.

Cuidar dos espaços

Chama-me particularmente a atenção um dado que estima que – a seguirmos esse modo de produção e os modos de relação do ser humano com a terra – 80% da humanidade, até 2020, estará assentada em centros urbanos. Esse é um grande desafio a encarar, e na qualidade de arquiteta e urbanista, essa perspectiva me gera uma profunda inquietação: a de que é preciso começar a pensar um novo paradigma para a forma de morar, de habitar, de circular, de viver coletivamente. Para os cidadãos, é o convite a uma participação cada vez mais comprometida com o uso do espaço, e seus desdobramentos. O modelo de assentamento que hoje se nos apresenta é perverso e excludente de uma qualidade de vida social, ambiental, e esse fato não diz só respeito àqueles que moram nas periferias, embora sejam suas maiores vítimas: todos estão sentindo os reflexos da violência, da falta de qualidade do ar cada vez mais poluído, das águas e rios sendo invadidos por espumas, detergentes, esgotos e lixo.

A forma como os assentamentos humanos acontecem é o reflexo dessa percepção desconectada com os outros ecossistemas: desmatamos quilômetros para fazer ruas, calçadas e quadras, para depois plantarmos de novo outras árvores e plantas, a maioria exótica aos ecossistemas locais, numa total desmemorização de que ali há uma *cidade* para abelhas, borboletas, minhocas, besouros etc. Nossa visão antropocêntrica e desconectada desconsidera esses valores sagrados em nome de outros valores e de outros pressupostos completamente normóticos. Que espaços nós estaremos legando às futuras gerações?

Esse é um desafio enorme, a meu ver, para nós que nos esforçamos por despertar deste estranho sono: a expansão de nossos valores para além do atendimento a um modo de pensar e agir imediatista e consumista. Esse modelo consumista a que nos impomos viver é diretamente responsável por toda uma atitude de desconexão com nossas próprias necessidades, e gerador de todo tipo de lixo.

O arquétipo do Terapeuta Francisco

No Colégio Internacional dos Terapeutas, no qual tive a honra de ser acolhida como *Terapeuta do espaço*, fala-se da busca por um conforto essencial e uma simplicidade voluntária de viver. Creio que espaços como o CIT, que coloquem em contato pessoas com diferentes formações e vivências, são fundamentais para que possamos, juntos, buscar respostas para esses desafios que demandam mais que uma reflexão. Demandam atitudes.

Cabe aqui falar de uma lenda da tradição franciscana, segundo Boff, em seu livro *São Francisco, ternura e vigor*:

Conta-se que Francisco num certo dia estava especialmente feliz porque estava sentindo Deus em todas as coisas: ao passar por um pessegueiro disse: "Fale-me de Deus, plantinha". E uma brisa balançou delicada e alegremente os galhos do pessegueiro, que floria intensamente. Diante de um córrego de águas claras, ele disse: "Fale-me de Deus, irmão rio!" E as águas se agitaram parecendo querer falar, acalmando-se em seguida e transformando-se em espelho a refletir o céu, as montanhas e as borboletas que voavam. Francisco estava radiante, e encontrou um bando de passarinhos em revoada, e que diante do pedido de Francisco – "Falem-me de Deus, amiguinhos!" – soltaram ao vento melodias e sons maravilhosos, silenciando-se em seguida, fazendo voltas no céu. Francisco prosseguiu em seu caminho, cantando, o coração em festa, e encontrou um homem que parecia vir de longa jornada, carregando uma velha mochila. Ao vê-lo, Francisco saudou-o amistosamente, e pediu: "Amigo, por favor, fale-me de Deus!" O caminhante, sem dizer palavra, segurou a mão de Francisco, e o conduziu por caminhos, atravessando a pequena cidade, até chegarem a um bairro bem pobre, em uma pequena praça onde havia crianças brincando e mulheres lavando roupa em cantoria numa bica de água escassa. Sentaram-se no centro da pracinha, e logo as pessoas se aproximaram. O bom homem abriu sua mochila, e de dentro dela começou a tirar pão, que repartia e entregava para as mãos que se sucediam estendidas. O pão foi distribuído fartamente das mãos do caminhante e das mãos das pessoas que repartiam-no entre si. Todos estavam muito alegres. O bom homem então, olhando para todos e para o céu, disse: "Pai nosso..." e sorrindo para todos concluiu "... o pão nosso!" Francisco compreendeu, e seu coração irradiava alegria porque encontrara Deus no pão e nas pessoas simples que repartiam-no entre si.

A figura, o arquétipo de São Francisco de Assis, pode ser altamente significativo nesse momento de conciliação com a Mãe Terra. É preciso abrirmo-nos para a escuta da terra, das plantas, das aves e insetos, das estrelas, e termos a necessária humildade para reaprender com eles a arte da convivência com a diversidade. Restabelecer a aliança com a origem, com nossa raiz primordial de filhos e filhas da Terra, desse "pálido ponto azul", como nos disse Carl Sagan, único porto confiável e conhecido onde podemos resolver as questões e desarmonias que geramos na direção de uma convivência harmoniosa entre todos os seres.

Com essa convivência poderemos agregar as conquistas que nossa extraordinária aventura tem nos trazido por meio da arte, das conquistas técnicas e científicas, juntamente com nossa complexidade criativa para um despertar ecológico pleno, no qual a Vida se manifeste no aumento das relações sociais, *interpessoais* e *transpessoais*, para a primazia do sagrado dom de fazermos parte dessa extraordinária criação, com liberdade e respeito ao princípio do ser em todas as suas manifestações.

4 Sobre o sentido de uma oração

Maria da Gloria Sobrinho

Além de uma normose de automatismos repetitivos, uma oração pode nos abrir os corações. É o caso do Pai-nosso, conforme a visão de Jean-Yves Leloup. Compartilho com vocês o que eu anotei, num seminário que realizei com Jean-Yves, em seu monastério, no sul da França:

Ao dizer "Pai-nosso" é preciso reunir, dentro de si, toda a criação. Porque Deus não é só o pai e a mãe dos seres humanos. É, também, o criador do mundo mineral, do mundo vegetal e do mundo animal.

Quando eu digo esta oração, todo o universo reza em mim. Eu rezo com as plantas, com as pedras, com todos os elementos do mundo e, também, com todos os meus irmãos humanos. Nesse momento, devo acolher em meu coração não só os que têm a mesma fé que eu; também aqueles que têm outras práticas, outras crenças, porque somos todos irmãos, somos todos seres humanos.

Cada palavra do Pai-nosso faz-nos partilhar o desejo, os desejos que habitam no coração do próprio Cristo. Para o homem de hoje isso pode ser uma revelação daquilo que habita seu próprio desejo, no mais profundo e no mais secreto do seu ser, quando este permanece no Aberto.

5 Sobre o labirinto humano

Já que em nosso programa consta uma caminhada grupal, no labirinto que existe na Unipaz de Brasília, vocês poderiam esclarecer o significado do labirinto?

Jean-Yves Leloup

Nós iremos caminhar num labirinto. O labirinto é uma bela imagem da nossa vida, desse desejo que nos faz avançar, e do medo que nos faz recuar. No entanto, para nos orientarmos dentro de um labirinto, é essencial termos essa orientação dentro de nós.

Quando se caminha no deserto, os mapas de nada servem; o importante é ter uma bússola. Muitas vezes, no deserto de nossas existências, no labirinto de nossas vidas, sentimo-nos perdidos. Temos a impressão de que não caminhamos, não avançamos, de que estamos regredindo. O importante é lembrarmos que existe uma bússola dentro de nós, que é o coração.

Nosso coração é aquela parte que se volta para a luz dentro de nós, que não nos deixa afastar do amor que vai em direção ao centro. É dessa forma que todos os passos no labirinto nos levam até o centro. Esse é um belo ato simbólico: caminhar dentro desse labirinto nos faz lembrar que, a cada passo, se tivermos nosso coração orientado em direção à luz e ao amor, estamos indo em direção a esse centro, que é a verdade, a bondade e a beleza que buscamos.

É o coração que está dentro do coração da própria vida. Trata-se de não ter medo de entrar no labirinto, de caminhar nos meandros de nossa existência, de entrar na sombra. Existe dentro de nós uma bússola que nos faz lembrar que a luz e a paz existem.

Caminhemos em direção a ela!

Pierre Weil

Eu queria dizer algumas palavras de prudência. Quando participamos de um seminário desta natureza, que lida com a transformação da normose em plenitude, sempre arriscamos a cair em dois extremos, que correspondem à imagem do homem ou à visão antropológica de que tanto falam Jean-Yves e Roberto.

O primeiro extremo é acreditar que existe, como última realidade, alguma coisa concreta, tangível. O outro extremo, no qual podemos cair, é dizer que não existe nada.

O primeiro extremo, em filosofia, se chama *materialismo*, já postulado na Antiguidade grega, por Demócrito[57]: acreditar que existe uma partícula sólida. O outro extremo é o *niilismo*, proveniente do latim, *nihil*, que significa nada: acreditar que não há nada. Niilismo seria o *nadismo*.

---

57. Demócrito de Abdera, filósofo pré-socrático, discípulo e sucessor de Leucipo na direção da escola de Abdera, um dos escritores mais fecundos da Antiguidade, sistematizador da doutrina atomista.

Os dois extremos estão sendo refutados pela física quântica. Atualmente, sabemos que uma partícula subatômica é, ao mesmo tempo, uma onda. A crença em alguma coisa sólida, como última realidade, do ponto de vista científico, desabou. De outro lado, a microfísica está nos mostrando, também, que o espaço vazio, o vazio absoluto, não existe. Nesse conceito, a ciência e a tradição espiritual convergem, maravilhosamente.

Assim, podemos afirmar que *alguma coisa* e o *nada* foram eliminados, definitivamente. É preciso evitar cair nesses extremos, o que muitos não conseguem. Entre o *alguma coisa*, do materialismo, e o *nada*, do niilismo, há *algo*: nem *nada*, nem *alguma coisa*. *Algo* que é muito mais que isso. Quem cai no extremo do materialismo, cai no *apego* com todas as suas consequências. Quem cai no extremo do niilismo, cai no *desespero* e, às vezes, no suicídio.

Quando uma pessoa quer se suicidar e vem a mim, costumo dizer: *Você é livre para se suicidar. Só que você matará apenas seu corpo; as razões de seu desespero e deste ato extremo serão levadas para depois da morte, muito aumentadas, porque não existirão mais as limitações e os amortecedores de seu corpo!*

Então, nem nada, nem alguma coisa: *algo* maravilhoso!

Em relação ao labirinto, destaco que a espiral é uma lei que se encontra em todo o universo. O caracol e as galáxias reproduzem esta lei da espiral, que encontraremos em nosso labirinto.

Roberto Crema

Quero lembrar que o labirinto no qual vamos caminhar é uma construção inspirada no espaço Renascer, da amiga e companheira de saga, Gislaine Maria, terapeuta do CIT e dirigente da Unipaz de Belo Horizonte. Este labirinto é uma *obra-prima*, de uma colaboradora muito dedicada, que tem feito um bonito trabalho nesta casa, a Delma Maria.

Como muitos de vocês sabem, a obra-prima representa a etapa final da Formação Holística de Base, quando o Aprendiz oferece algo concreto, a partir de sua vocação particular, uma expressão de que interiorizou, profundamente, a abordagem transdisciplinar holística. Esta tarefa simboliza, também, que cada ser humano tem uma obra-prima a ofertar para a humanidade, para o universo, que é a vocação, este conceito promissor sobre o qual refleti, anteriormente.

É o que traduzo afirmando que todos nós somos filhos e filhas de uma promessa que fizemos. Encarnamos para honrar e cumprir esta promessa, por meio da realização de uma tarefa individual intransferível. É esta aventura que nos convoca a penetrar no labirinto de nós mesmos, em direção ao diamante do Ser, no coração da pedra bruta de nossas existências.

Pierre levantou a indagação sobre o que seria, realmente, a saúde. É muito feliz e lúcida a definição deste conceito pela própria Organização Mundial de Saúde, que focaliza a saúde não como ausência de sintomas e, sim, como a presença de um bem-estar psicossomático e social. Recentemente, foi incluído o bem-estar ambiental e espiritual.

Talvez possamos agregar a esta bela definição de saúde uma tendência ao que integra, ao que harmoniza. Uma tendência à transparência e às três grandes virtudes enaltecidas pelos gregos: a verdade, a beleza e a bondade. Nesse sentido, patologia seria o mal-estar produzido por uma tendência ao que desintegra, ao que dissocia, ao que desarmoniza, ao que nos distancia desse núcleo do *Ser que nos faz ser*.

Finalmente, quero lembrar que Fílon de Alexandria, comentando o Gênesis, afirma algo interessante, que tem o esplendor de um sentido especial. André Chouraqui, dois milênios depois, apontará na mesma direção, em sua tradução do Gênesis. Elohîns, quando vai criar o ser humano, diz: *Nós faremos Adam – o Terroso – à nossa réplica, segundo nossa semelhança*. Fílon precisa que, somente na criação do ser humano, Elohîns utiliza o plural: *Nós* faremos! É como se, neste caso especial, necessitasse da ajuda de *potências cósmicas*. Novamente, isso aponta para a vastidão do projeto que encarnamos. Como disse Mestre Eckhart[58]: *Deus está mais próximo a mim do que eu mesmo. Ele está próximo também das árvores e das pedras; a diferença é que elas não sabem.*

Então, creio que nossas reflexões estejam colaborando no sentido de desmistificar a palavra santidade, ou plenitude, como prefiro, que representa uma herança potencial em cada um de nós. Na normose, a partir do Complexo de Jonas, a possibilidade de florescimento evolutivo é projetada em apenas algumas pessoas, veneradas como se fossem supra-humanas. Isto é uma alienação comodista e irresponsável. Diz um famoso poema de Pessoa:

> Ó mar salgado, quanto do teu sal
> São lágrimas de Portugal!
> Por te cruzarmos, quantas mães choraram,
> Quantos filhos em vão rezaram!
> Quantas noivas ficaram por casar
> Para que fosses nosso, ó mar!
> Valeu a pena? Tudo vale a pena
> Se a alma não é pequena.
> Quem quer passar além do Bojador
> Tem que passar além da dor.
> Deus ao mar o perigo e o abismo deu,
> Mas nele é que espelhou o céu.

A crise que vivenciamos é de pequenez de alma. Perdemos de vista a vastidão do projeto humano. Na normose, nenhuma aven-

---

[58]. Mestre Eckhart, mestre notável da mística medieval alemã, nasceu na Turíngia, ao redor de 1260; sacerdote dominicano, considerado como herético por sua obra, dissonante de uma religiosidade superficial e exterior consagrada à experiência interior e ao recolhimento espiritual.

tura evolutiva vale a pena, pois a alma é tão pequena... *Mahatma*, em sânscrito, significa *grande alma*. Toda a história da plenitude humana fala de um mesmo processo, de resgate da grande alma que nos habita. Foi este o belo testemunho daquele grande líder, profeta, filósofo, político e místico, que conhecemos como Mahatma Gandhi.

Na história da psicologia já foi denunciada a repressão da sexualidade, do poder e do sentido, com suas nefastas consequências. Agora, precisamos também denunciar, com clareza e vigor, a repressão da Luz, a repressão do que temos de maior e mais elevado: o potencial humano de lograr qualidade total, de florescer plenamente.

Gosto de lembrar a afirmação de Tereza d'Ávila de que a santidade não é um privilégio de poucos; é uma responsabilidade de todos nós. Ser santo é ser inteiro, é ser simples, é ser transparente. É ser tudo aquilo que realmente somos. É uma conquista do processo de individuação, da travessia das sombras rumo ao Ser, processo que jamais termina e que começa com o primeiro passo, neste labirinto de nós mesmos.

É bom lembrar que um labirinto não é uma trilha reta. É uma espiral, como lembrou Pierre, plena de curvas. Às vezes, estamos tão próximos do centro... e a curva nos leva para longe. Às vezes, estamos tão distantes do centro, e outra curva dele nos aproxima. Ilustra muito bem o processo de individuação, apontado por Jung como uma circunvolução em torno do Self.

Como diz ainda a grande alma do poeta Pessoa, *a morte é a curva da estrada. Morrer é só não ser visto...* Se você quiser saber quantas vezes terá que morrer, antes de se realizar, talvez seja instrutivo contar quantas curvas há no labirinto que vamos percorrer...

6 Além das amarras normóticas

Regina Fittipaldi

Peço um minuto de vocês para oferecer uma poesia a Roberto Crema.

Quando fiz a Formação Holística de Base, na turma III, há tantos anos, Roberto Crema foi um dos meus primeiros facilitadores. Algo que ele disse calou fundo em meu coração, e cala até hoje. Acho que é a energia que, de certa forma, me motivou a perceber a normose e colocar-me no caminho da mudança. Falando sobre a vastidão humana, ele citou um poeta, que dizia: *Contradigo a mim mesmo porque sou vasto.*

Eu costumava escrever poesias e as guardava nas gavetas. A partir daquela frase, que escutei de Roberto, eu resolvi entrar em um concurso de poesia. Resolvi ousar, experimentar exercitar minha vastidão.

A poesia era acompanhada da fotografia de uma mulher nua, completamente amarrada por cordas. O concurso associava imagem plástica com poesia, podia ser pintura, fotografia, escultura. E eu fiz essa poesia e tive a felicidade de tirar o primeiro lugar. Quero oferecer este poema, *Soltando as amarras*, a Roberto e a todos que participam deste encontro:

> Deixa-me dançar a dança da vida!
> Quero abrir os meus braços sem correntes,
> e abraçar o meu ser com amor
> ao som da música que vem das estrelas...

> Permita que minhas mãos deslizem,
> com ternura,
> sobre minha pele morena,
> molhada pelo suor do meu calor,
> e que eu cavalgue nos campos dos meus sentidos...

Deixe os meus cabelos soltos
voarem ao sabor do vento
que me trará os segredos que preciso ouvir,
para saber
do dia e da noite,
da água e do fogo,
dos sonhos e do amor.

Preciso respirar a liberdade
de ser humana,
de ser uma na grande família,
e que eu partilhe à mesa
com aqueles que eu eleger...

Eles verão brotar dos meus olhos
as lágrimas das minhas dores,
e dos meus lábios os sorrisos das minhas alegrias.

Então, nutrida e livre
poderei caminhar,
e escolherei o sítio onde plantar
as minhas próprias raízes.

Nesse mágico momento, renascerei.
Poderei gerar os meus doces frutos,
E espalhar as minhas sementes...

III
DA NORMOSE À PLENITUDE

Renova-te.
Renasce em ti mesmo.
Multiplica os teus olhos, para verem mais.
Multiplica-se os teus braços para semeares tudo.
Destrói os olhos que tiverem visto.
Cria outros, para as visões novas.
Destrói os braços que tiverem semeado,
Para se esquecerem de colher.
Sê sempre o mesmo.
Sempre outro. Mas sempre alto.
Sempre longe.
E dentro de tudo.

Cecília Meireles

Relato de um sonho de Maria[59]

Este sonho, eu o tive na véspera, para amanhecer o dia do aniversário de passagem de uma pessoa muito querida da Unipaz e do CIT, Myrtes Mattos. Como penso que ele tem a ver com o que estou vivendo neste simpósio, desejo relatá-lo:

Eu estou subindo as escadas de um edifício, em Minas Gerais. Quando chego ao quarto andar, vejo uma criança de 10 ou 11 anos, deitada numa cama, muito machucada. Ela está amarrada, em cativeiro, durante muito tempo.

Ao olhar essa criança, a primeira coisa que me ocorreu foi levá-la para casa, para cuidá-la. Percebo, então, que não posso fazer isto, porque há muitas outras crianças que também estão sofrendo; eu não daria conta de cuidar de todas elas.

Então, ocorreu-me uma ideia: Nossa Senhora de Lourdes cuida! Compreendi que eu devia ter numa gruta uma capelinha, em algum lugar, onde eu levaria todas as crianças necessitadas que me aparecerem em sonhos, ou que eu visse perdidas na rua, para os cuidados de Nossa Senhora de Lourdes. Eu sou católica, mas não entendo muito da vida dos santos e não conheço a estória desta Nossa Senhora. Acordei e pensei: Onde é que eu poderei realizar isso? E me veio a resposta: Na Unipaz!

---

59. Uma participante do Simpósio, Selenne, após ter vivido este sonho relatado, trouxe uma imagem da Nossa Senhora de Lourdes para a Unipaz.

Mais tarde, conversando com o Roberto Crema sobre esse sonho, compreendi que era possível trazer essa imagem para a Unipaz. Coincidentemente, num dos últimos encontros que eu tive com a Myrtes, antes de sua passagem, ela tinha pintado algumas Nossas Senhoras, que distribuiu para seus amigos e amigas. A que eu recebi de presente foi a Nossa Senhora de Lourdes. Honrando estas sincronicidades, eu trouxe esta imagem da Nossa Senhora de Lourdes, que está aqui para cuidar dos nossos jovens e das nossas crianças. Agradeço muito essa oportunidade.

1
As tentações da normose

Jean-Yves Leloup

Junto com Nossa Senhora de Lourdes, nós acolhemos também Bernadete, aquela que a viu. E com Bernadete, acolhemos ainda essa qualidade de coração e de consciência que não tem medo de ser derrotada por aquilo que surge. Na época em que Nossa Senhora de Lourdes apareceu para Bernadete, tanto a França como a Europa eram dominadas pelo materialismo. A experiência de Bernadete introduziu outra visão naquele mundo.

Bernadete teve que lutar muito contra todas as acusações de loucura e manipulação que surgiram contra ela. Contudo, manteve-se firme com a certeza daquela Presença que tinha se manifestado a ela. Foi essa certeza que lhe permitiu atravessar todos esses obstáculos.

Assim como para Bernadete, houve momentos em nossas vidas onde o céu se abriu, onde a matéria se abriu. Necessitamos ser fiéis a essa luz, a essa Presença, quaisquer que sejam as oposições que possamos encontrar. Essa luz é nossa verdadeira natureza.

Penso numa história que vocês devem conhecer: a lenda do Grande Inquisidor, relatada no livro *Os Irmãos Karamazov* de Dostoievski[60]. A história se passa na Espanha, no tempo da Inquisição. Eu a reconto, adaptando o relato original às nossas reflexões:

---

60. DOSTOIEVSKI, F.M. *Os Irmãos Karamazov*. São Paulo: Abril, 1971.

Cristo e o Inquisidor

O Grande Inquisidor encontra-se com o Cristo que voltava à terra, e diz: *De novo, eu terei que matá-lo porque você semeia a discórdia entre nós. Você coloca em xeque nossas certezas, nossos hábitos, nossas normoses. Você impede as pessoas de serem felizes. Nós, os inquisidores, queremos a felicidade da humanidade. A humanidade precisa saber o que é o bem e o que é o mal. E nós fazemos isso, dizemos o que é bom e o que é ruim. Dizemos: Faça isso e você será salvo. Não faça isso senão você vai para o inferno! E as pessoas, então, ficam tranquilas. Elas se sentem seguras; sabem o que é branco e o que é preto, aquilo que é bom e o que é mal. O que deve ser feito e o que não deve ser feito.*

Mas você traz para os homens uma grande liberdade. Você lhes lembra que não é exatamente isso que é bom e exatamente isso que é ruim. Tudo depende da qualidade do coração, a maneira como as coisas são feitas. Tudo é puro para aquele que é puro e isso é algo muito difícil para os seres humanos. Nós queremos a felicidade deles e isso é a segurança. E você quer dar-lhes a liberdade que é algo muito difícil. Então, nós vamos ter que matá-lo, novamente..."

Essa lenda está bem no centro da nossa abordagem.

Qual o tipo de felicidade que estamos procurando? Frequentemente confundimos felicidade com segurança, seja material, afetiva ou intelectual. Queremos as coisas bem certas e a atitude de Jesus, de uma certa forma, é muito próxima do conhecimento dos cientistas de hoje em dia. Porque nada é certo, nada é sólido; tudo está em constante mudança. Aquilo que tomamos como corpúsculo tem também uma realidade ondulatória.

Não existe uma atitude justa; existem atitudes que se ajustam. Essa é sempre nossa questão: *Qual a atitude justa com as nossas crianças? Com os nossos amigos? Com a natureza?*

E o inquisidor tem tendência a dizer: *Faça isso! Faça aquilo!* Enquanto, nos ensinamentos de Jesus, Ele jamais adota esta atitude alienante, porque o que é justo num determinado momento pode não ser justo em outro momento.

À escuta do Mestre Interior

Aquilo que é justo com uma de nossas crianças pode não o ser com outra. Por essa razão é que, dentro da *pedagogia iniciática*, trata-se de levarmos em consideração as peculiaridades de cada uma de nossas crianças. Não podemos enquadrá-las, como na história de Procusto; existem apenas atitudes que se ajustam.

Por exemplo, quando digo uma mensagem para alguém em estado terminal, isto pode ajudá-lo ou não. Não é pelo fato das mesmas palavras terem ajudado uma pessoa que elas serão de igual ajuda a outra. O que é bom para um pode ser ruim para outro.

Existe o encontro entre o Inquisidor e o Cristo no interior de nós mesmos. Aquele que diz, dentro de nós, o que é bom e o que é mau do ponto de vista externo, como se fosse uma lei, e aquele que nos convida a escutar o interior, a estar atento ao instante para discernir o que é justo. Às vezes, essa atitude pode não ser considerada boa no ambiente em que nos encontramos; seremos julgados de forma negativa. É preciso coragem para ser fiel a essa palavra interior, como indica a história de Jonas.

Parar de mentir

Como respeitar os outros e o meio ambiente? E, ao mesmo tempo, como se respeitar e não mentir a si próprio?

Existe um momento em nossas vidas no qual podemos nos enganar, nos equivocar, mas não é mais possível mentir para nós próprios. É possível deixar de mentir para si próprio, deixar de se contar histórias, o que pode acarretar doenças e infelicidade. Bernadete é um bom exemplo de alguém que não sabia mentir para si mesma.

Diante da lei exterior, o Cristo nos faz lembrar da lei interior: *avançar em nosso caminho sem mentir para nós mesmos*, mesmo que isso tenha consequências na normose do meio que nos cerca. Essa é a própria atitude do Cristo, sua maneira de encarnar o Messias. Seus discípulos e o povo de Israel esperavam um Messias triunfante, alguém que se impusesse pela força, seja ela política, mágica ou científica. O Cristo toma uma outra via, Ele não seguiu a via normal ou normótica do sucesso e isto foi algo perturbador, mesmo para aqueles que lhe eram próximos.

Ele virou as costas para a normose e foi conduzido para o espaço de vacuidade, o deserto, e lá Ele foi tentado. As tentações que Jesus sofreu foram aquelas propostas pelo *diabolos*, para que Ele seguisse um caminho de poder, levando o povo a acreditar que Ele resolveria todos os seus problemas, dispensando-os do exercício da liberdade. Esse é o grande poder do inquisidor: libertar os homens do fardo de sua própria liberdade. No entanto, é justamente desta liberdade que o Cristo não quer nos libertar. Pelo contrário, ele quer nos convocar a ela!

Essa atitude é um convite ao discernimento. O Mestre que nos ensina, será que pensa por nós ou nos ajuda a pensar por nós mesmos? Será que diz o que temos que fazer ou o que nos diz nos ajuda a discernir por nós mesmos?

Essa questão continua sendo atual, pois não faltam pequenos inquisidores que vão vir nos dizer: *faça isso!*, ou *faça aquilo!* Eles buscam pensar por nós, procurando nos libertar do fardo de nossa liberdade.

Cristo diz não à normose

A primeira tentação do Cristo no deserto foi aceitar que as pedras se transformassem em pão para, assim, saciar a fome de todos. Para a tradição antiga da Igreja, essa tentação simboliza que podemos acreditar que todos os problemas dos homens podem ser resolvidos por meio da economia: se todas as pessoas tiverem o que comer, não teremos problema e não haverá nem mesmo necessidade de se falar de Deus. Se todas as pessoas estiverem satisfeitas economicamente, a paz virá ao mundo e todos os seres humanos serão felizes. Essas são palavras que, muitas vezes, nos seduzem.

Dentro desse discurso há um fundo de verdade, pois não podemos falar de espiritualidade a alguém com o estômago vazio. Antes de tudo, devemos dar o pão, suprir as necessidades básicas de todos. Contudo, o pão é necessário, mas não é o suficiente... O homem também vive de poesia, de amizade e se o pão lhe for dado sem essa amizade, sem essa qualidade de presença, ele será como uma pedra em seu ventre.

A primeira normose contra a qual Cristo lutou foi o discurso que diz que as satisfações materiais dos seres humanos podem resolver todos os seus problemas. O homem não vive apenas de pão, o ser humano não é apenas o *Homo economicus*.

A segunda tentação de Cristo é a do poder. *Eu darei a você todas as nações e de todas elas você poderá fazer uma só, se você se inclinar diante de mim.* Yeshoua respondeu: *Ao Senhor teu Deus adorarás e só a Ele prestarás culto.* Vemos, nesta passagem, a tentação do poder político de juntar todas as nações numa só, de uniformizar, reduzir todas as diferenças dentro do mesmo molde, colocar todos numa espécie de grande exército com regras muito precisas, dizendo aquilo que é certo e o que é errado. Aquele que for capaz de dirigir o mundo desta maneira será o seu mestre.

Jesus lembra que o único poder é o poder de Deus, que respeita as diferenças. Como falamos anteriormente, no jardim não existem flores de uma única cor; cada uma tem sua particularidade, seu perfume...

Da mesma maneira, Deus faz florescer no mundo nações diferentes, etnias diferentes, tradições diferentes, religiões diferentes.

A diferença não significa a separação; pelo contrário, ela é a condição para que haja união. Se não formos diferentes uns dos outros, não poderemos nos unir uns aos outros. Se todos pensamos a mesma coisa é porque já não pensamos mais! É justamente por termos pontos de vista diferentes que nosso próprio pensamento pode ser estimulado. Nem confusão, nem separação, mas união e diferenciação.

Jesus renuncia a ser um Messias político para dominar os seres humanos. Ele se conduz como o sal da terra. O sal não é aquilo que dá gosto aos alimentos; é aquilo que releva o gosto de cada alimento. Quando a expressão "sal da terra" é utilizada, isso não significa que o outro tem um gosto idêntico ao nosso. A função do sal é a de dar a cada um o gosto que lhe é próprio, ressaltando sua particularidade, sua diferença.

Na terceira tentação de Jesus no deserto, o diabo lhe propõe se lançar do alto do templo para, a partir da magia, chegar até o chão, ileso e, dessa forma, fascinar aqueles que estão à sua volta. Jesus recusa-se a isso, sempre buscando preservar a liberdade do ser humano.

Jesus renuncia ao poder econômico, ao poder político e também ao poder da magia.

O milagre da liberdade

Existe algo em nós que gostaria de ser obrigado a crer, não ter que escolher, ser convencido. O Cristo nos lembra que nada nem ninguém pode nos obrigar a crer. Podemos presenciar milagres, viver coisas extraordinárias, mas isso não nos dispensa deste ato livre que é a fé, a manifestação da liberdade dentro do ser humano.

Existem pessoas que, como Bernadete, viram o milagre, mas não acreditaram. Quando conhecemos a história de Bernadete, sabemos que houve um momento de sua vida em que Nossa Senhora parou de aparecer para ela. O que estava no exterior veio para o interior e não havia mais nada de extraordinário. Posteriormente, houve um momento em que até mesmo a aparição interior desapareceu; não havia mais nada... Isso não impediu Bernadete de crer, de ser fiel e de exercer sua liberdade, no mais profundo de seu ser.

O ensinamento desse Evangelho indica que Jesus parece desmascarar um pouco as normoses do seu meio, surpreendendo (e, algumas vezes, decepcionando) até mesmo seus discípulos. A crença de que, por meio da economia, da política, da magia, da religião ou da ciência, podemos resolver todos os problemas – ainda hoje nos defrontamos com essas normoses...

A normose do determinismo

Essa é justamente a normose do século passado: a de que todas as coisas podem ser explicadas. Se fosse possível explicar todas as coisas, não teríamos razão para crer, tudo seria evidente, pois existe uma explicação para tudo.

No entanto, Jesus nos lembra que não há explicação para tudo, há sempre algo que nos escapa. Quando olhamos e reconhecemos aquilo que nos escapa, despertamos em nós uma qualidade de liberdade.

A prisão da expectativa

Judas foi um homem decepcionado, pois ele queria que Jesus se tornasse um poderoso guia, que acabasse com a ocupação romana, que desse de comer a todas as pessoas, que curasse todos os doentes. Judas se decepcionou porque Jesus não correspondeu à imagem que ele tinha dele.

Em nossas vidas, muitas vezes é preciso atravessar os momentos de decepção. Decepcionamo-nos na medida de nossas expectativas.

Se alguém me decepciona, não é culpa dessa pessoa; talvez seja culpa da minha expectativa em relação a ela. Estar livre diante da normose é estar livre diante das expectativas.

Talvez esse possa ser o primeiro passo no caminho da cura da normose: observar o que esperamos dos outros e, particularmente, deste homem ou desta mulher. Nesta expectativa, talvez haja uma criança infeliz dentro de nós, que busca preencher a falta, a carência. O outro não é responsável por nossa decepção; devemos, antes, trabalhar nossas expectativas.

Estas, por sua vez, estão habitadas por todo tipo de normose: a do homem ideal, a da mulher ideal, a do casal ideal, a da sociedade ideal... Há um momento em que a tarefa talvez seja a de renunciar a esse ideal, estar livre diante da idealização para podermos começar a trabalhar com o homem real, com a mulher real, com o casal real, com a sociedade tal qual ela é e, a partir daí, ser capaz de dar um passo a mais...

2
Trilhos normóticos, trilhas evolutivas

Roberto Crema

Diz o poeta Jimenez[61]: *Não corras. Não tenhas pressa. Aonde tens que ir é só a ti.*

Penso na Parábola do Filho Pródigo, que pode bem ilustrar como, através do mergulho no interior da promessa inerente ao ser humano, podemos transcender a normose rumo a uma plenitude possível.

Todos nós somos filhos pródigos, filhas pródigas, retornando à casa do Grande Pai, da Grande Mãe. Quando lá chegarmos, haverá uma ceia e talvez alguém, um querubim, um serafim, protestará diante do Grande Ser: *É injusto! Eu sempre estive ao seu lado e nunca recebi uma festa como essa. E ele, que se prostituiu, se perdeu no mundo ilusório das polaridades, é recebido com um banquete...* Vocês conhecem a resposta: *Pois é, meu filho; você sempre esteve ao meu lado, na Glória da Essência. Enquanto esse seu irmão teve que ralar, atravessando as trevas da noite, até se recordar de Si Mesmo!*

Trata-se da aventura que, no Colégio Internacional dos Terapeutas, denominamos de *anamnese essencial*. Na bela expressão de Jean-Yves, lembrar do *Ser que nos faz ser...*

---

61. JIMENEZ, J.R. *Antologia poética*. Lisboa: Relógio D'Água, 1992.

Tornar-se humano

É preciso afirmar que ser plenamente humano dá muito trabalho! É um grande privilégio e, também, um grande atrevimento, estar encarnado como ser humano. Nagarjuna afirmava que é mais fácil a uma tartaruga, no meio do oceano, ao subir à superfície para respirar, ser laçada por uma corda jogada ao acaso nestas águas, do que alguém ter um corpo humano para encarnar!... Esta afirmação nos fornece a medida de nossa responsabilidade.

Não nascemos apenas para sofrer e findar; nascemos para amar, nascemos para florescer. E isso solicita o desafio e a provação do caminho, com todas as tentações do *diabolos* no deserto, dentro de cada um de nós.

Quero aprofundar a reflexão sobre um aspecto da normose que considero um dos mais importantes: a normose como uma estagnação evolutiva.

O parto da inteireza

Vamos retomar essa afirmação antiga dos terapeutas de todos os tempos: *o ser humano ainda não nasceu*. A grande obra-prima é o ser humano que precisa ser construído. Essa nossa tarefa será realizada com nossos riscos e com nossas lágrimas.

Recordo Gurdjieff[62], um mestre notável, que no início do século XX fez uma síntese da psicologia ocidental e oriental colocando, no coração de sua perspectiva, a questão evolutiva. Ele dizia que não há uma humanidade; existem, no mínimo, sete tipos diferentes de seres humanos, que ele diferenciava a partir de números, de 1 a 7. Os três primeiros não são ainda seres humanos; apenas possibilidades, um potencial de humanidade plena a ser atualizado.

---

62. Apud OUSPENSKY, P.D. *Psicologia da evolução possível ao homem*. São Paulo: Pensamento, [s.d.].

O ser humano se realiza na medida em que diz *sim* ao desafio das trilhas de individuação. E, como diz o poeta Tagore, *onde as estradas são construídas eu perco o meu caminho*. O caminho se faz caminhando... É bela a tradução que Chouraqui faz das bem-aventuranças: *Em marcha!* Como sabem os bons navegantes, o naufrágio maior e irremediável é não partir! E ninguém pode empurrar ninguém nesta arte de aprender a amar. Estamos, aqui, diante do mistério da liberdade. Como obrigar alguém a se libertar, a ser livre?...

Talvez seja arrogância querer mudar o outro e o mundo. É isso que sempre nos decepcionará. Entretanto, quando nos colocamos na tarefa que nos cabe, de nos transformar, nada poderá nos impedir de seguir avante; exceto nós mesmos!...

É nesse sentido que podemos afirmar que estamos condenados a *ser*, pois somos habitados por um germe de plenitude. Há um Buda, um Cristo, adormecido em cada um de nós. Sofremos de um esquecimento de Si, como Platão indica. Despertar desta letargia, da ignorância existencial, eis a colossal aventura!

Manfred Max-Neef, que esteve conosco no congresso holístico de Belo Horizonte, dizia-nos que sempre quis saber em que a nossa espécie se diferencia das demais. Constatando não ser a alma, nem a cultura, nem o humor, sua perplexidade persistia. Até que, num encontro inesperado, ele ouviu de seu pai: *Não será a estupidez?* Max-Neef afirma que uma luz se acendeu dentro dele, tornando-o o primeiro *estupidólogo*. Indicando a mesma direção, Einstein também afirmava que, para ele, só havia duas certezas: a da imensidão do universo e a da estupidez humana. *E em relação à imensidão do universo, eu ainda tenho algumas* dúvidas, concluía o sábio.

A estupidologia é uma ciência que precisamos estudar se quisermos realmente transcender a normose. A estupidez se diferencia da imbecilidade, que é inofensiva, pela racionalidade. Alguém pode ser altamente racional e totalmente estúpido! O fracasso da conferência ambiental, *Rio Mais 10*, é uma boa e triste ilustração. Nós podemos, com discursos técnicos muito elegantes, fazer como alguém que está serrando um galho de uma árvore, onde ele próprio encontra-se sentado...

O encontro é o caminho

No interior da pedra bruta da estupidez é que encontraremos o diamante de uma excelência, de uma plenitude, de uma capacidade incondicional de amar. Caminhar sobre ondas com os pés secos, levitar, transmutar são eventos notáveis que, às vezes, precisamos testemunhar para compreendermos o alcance do potencial humano. E todos estes dons empalidecem diante do poder da inocência, da transparência.

Amar é uma alquimia do encontro que ninguém pode ensinar a ninguém e que ninguém pode aprender sozinho... Talvez a grande magia dos caminhos, de todos os caminhos, o milagre maior, seja o do encontro.

Estamos aqui porque ainda não sabemos amar vasta e totalmente. No fundo, algo dentro de nós sabe que este milagre é possível. Nós só buscamos o que já encontramos.

Gurdjieff falará, então, de sete seres humanos. O primeiro, o segundo e o terceiro são seres ordinários, numa mesma condição de adormecidos, de não evoluídos. Ele denominou o primeiro de *instintivo-motor*. É a pessoa na qual prevalece uma habilidade física, que lhe é própria por herança: uma inteligência natural e técnica. Poderá se tornar muito hábil no mundo dos negócios, um grande empresário, um excelente técnico. Entretanto, ainda não é um ser humano. Se lhe faltar a satisfação instintiva, ou lhe suceder uma debilidade motora por algum acidente, essa pessoa, em sua fragilidade e incompletude, terá perdido todo o sentido de sua existência. Num contexto no qual se valoriza a força instintiva e a perícia técnica, este tipo é muito bem considerado. Cada época da humanidade enfatiza um desses seres humanos não evoluídos.

O segundo é o *emotivo*. Aquele que herdou uma inteligência afetiva mais apurada, a habilidade das aventuras. Poderá ser um grande esportista, alguém devoto ao mergulho na sensibilidade, na sensualidade, na área artística. É um ser que tem um dominante emotivo e se lhe faltar talvez uma bem-amada, se perder uma competição, em sua fragilidade se considerará totalmente fracassado.

O terceiro é muito popular em nosso momento histórico. É o *cognitivo*. Aquele que herdou o dom intelectual. É uma pessoa que pode chegar a ter muita erudição. Poderá ser uma biblioteca ambulante, até mesmo ganhar um prêmio Nobel e ainda não ser humano, no sentido evolutivo.

Fazer render os talentos

Esses três tipos conformam o que, do ponto de vista evolutivo, estamos denominando de normóticos. Trata-se de um estancamento do devir, dos que não estão investindo nos talentos que receberam da própria Vida, uma outra parábola sábia e perene. Cada um de nós recebeu talentos, talentos diversos. O normótico é aquele que padece da falta de empenho em fazer render os talentos que o Mistério lhe confiou. É aquele que enterra, indolentemente, os dons que lhe são próprios, que tenho denominado de *vocação*, a voz interior de nosso desejo mais íntimo e permanente: o de ser quem nós somos.

O normótico é aquele que não se preparou para responder à pergunta essencial, que todos teremos que enfrentar no momento derradeiro da passagem desta existência: *Você foi você mesmo? O que você fez com os talentos que nós lhe confiamos?...*

Então, falemos desses seres inconformados, que não se contentam com estas satisfações de necessidades legítimas, básicas e insuficientes, do nível instintivo-motor, afetivo e cognitivo. Os que se dão conta de que algo lhes falta, que só o infinito poderá preencher. Os que se autogeram, colocando-se a caminho, escutando a mensagem de Fernando Pessoa:

> Triste de quem vive em casa,
> Contente com seu lar,
> Sem que um sonho, no erguer de asa,
> Faça até mais rubra a brasa
> Da lareira a abandonar!...
>
> Eras sobre eras se somem
> No tempo que em eras vem.
> Ser descontente é ser homem.
> Que as forças cegas se domem
> Pela visão que a alma tem!...

O despertar evolutivo

Para Gurdjieff, o ser humano número quatro é o que inicia a grande aventura evolutiva, o ser que se inventa e se realiza nas trilhas. O filho pródigo que ousa penetrar na via estreita, de volta ao Lar do Grande Pai, da Grande Mãe. Trata-se daquele que identificou sua tendência dominante em relação aos três centros básicos – o instintivo, o afetivo ou o cognitivo –, desenvolveu as funções indiferenciadas ou atrofiadas, integrando-as e harmonizando-as. O que logrou um centro de gravidade permanente. Sobretudo, o número quatro é aquele que se deu conta de que ele é apenas uma possibilidade de realização, um germe de humanidade, e que não descansará enquanto não provar do Ser.

A Unipaz existe para, a partir de programas como o da Formação Holística de Base, facilitar o despertar de seres humanos número quatro, agregando-os e estimulando-os para que prossigam no processo de autoconhecimento e realização plena. Já o CIT acolhe os terapeutas que, além da tarefa de facilitar o processo de cura, estão comprometidos com o processo de individuação.

Para isso, necessitamos de uma *pedagogia iniciática* complementando a função de uma *terapia iniciática*. A dimensão iniciática diz respeito ao despertar para o atualizar do potencial evolutivo, de forma a que, através de uma via interior, o ego possa ser desenvolvido e transcendido, na direção do Self, do Ser. São abordagens que facilitam que o ser humano desperte, coloque-se de pé e penetre numa trilha com coração, qualquer uma, porque todas elas conduzem para onde estamos ou a lugar algum... Essa é a mudança paradoxal. A verdadeira transformação é quando você se torna quem você é. E, como dizia Don Juan Matos para seu discípulo Castañeda[63], *o que importa é que o caminho tenha um coração*.

Transpondo portais

Em algum momento, com a transposição de um portal, haverá o salto qualitativo para o ser humano número *cinco*. Há diferenças entre esses seres humanos como as que existem entre as espécies. O ser humano número cinco é aquele que consolidou uma plena atenção, uma presença ao instante, tendo conquistado o acesso ao centro emocional superior. É um ser acordado, que se deixa nutrir pelo aqui e agora, o real que tanto nos escapa. É um ser da unidade e consciência de si, que está dançando e surfando o momento presente, onde habita o Encontro.

E se ele continua trilha avante, transpondo obstáculos e portais, haverá um outro salto qualitativo para atingir o ser humano número *seis*, aquele que penetrou também na mente objetiva da espécie, acessando um centro intelectual superior. São os grandes profetas, grandes videntes, mestres de uma sabedoria perene.

Até finalmente a utopia humana florescer totalmente, no ser humano número *sete*, o qual consolidou um Self permanente, au-

---

63. CASTAÑEDA, C. *A erva do diabo*. São Paulo: Círculo do Livro, [s.d.].

totranscendente. Podemos indicá-lo a partir de dois arquétipos supremos: Cristo e Buda, para aliar a Luz do Ocidente à do Oriente. Seres transfigurados, que lograram nascer do Alto, nascer da Grande Vida, realização plena, denominada de Ressurreição, na tradição cristã. E que vão continuar no caminho, porque até o último suspiro sempre é possível aprender, ascender, seguir adiante.

Esse é um simples esquema indicativo do desabrochar evolutivo. Este processo se faz por meio da diferenciação, da integração e da superação. O ser humano número quatro é aquele que se diferenciou do um, do dois e do três; que os integrou e os transcendeu. Assim, podemos compreendê-los. Porém, o número quatro não compreende o cinco, o seis e o sete. O número seis se diferenciou dos anteriores, integrando-os e superando-os. Compreende-os sem compreender, entretanto, os mais elevados.

É por isso que os grandes mestres sempre admoestaram: *Não julgue!* Porque apenas o ser humano número sete poderá tudo compreender e não necessitará mais julgar, pois quem tudo compreende é capaz de tudo perdoar e amar. Não nos compete a tarefa de julgar. O que nos compete é a tarefa do caminho. São nossos atos que nos julgam. Constatamos na história, frequentemente, seres humanos estagnados condenando e, às vezes, crucificando os que lograram a realização plena. O que atesta que a democracia é um exercício justo quando predomina a consciência e o discernimento, naturalmente.

E no final, um espelho!

Diferenciar-se da normose, transgredindo seus limites asfixiantes, é uma tarefa que solicita o herói, a heroína de nossas almas, para a travessia dos medos e das ilusões.

Como afirma o poeta e sábio sufi, Farid Attar, na busca da sabedoria temos sete vales a atravessar: o vale da busca, o vale do amor, o vale da compreensão, o vale da independência e do alheamento, o vale da unidade pura, o vale do espanto e o vale da pobreza, do Nada. Vale tudo para se chegar ao Nada... E lá chegando, um espelho nos espera. Diz uma profecia Hopi: *Nós somos aqueles a quem estamos esperando.*

Utopia humana: chamas da Aliança

Há outra forma de falar sobre isso, que eu gosto muito. Nos dois meses que eu passei, no início de 2002, em Paris, pude me aprofundar na obra de Gitta Mallasz[64], que eu soube através dos escritos de Jean-Yves Leloup. E confesso que fiquei muito encantado e impactado por esta história, que alguns consideram o fato espiritual mais importante do século XX, que teve lugar na Hungria, em 1943.

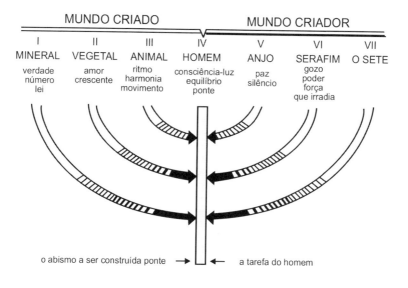

---

64. MALLASZ, G. *Dialogues avec l'ange* – Édition intégrale, 1976. • *Les dialogues tels que je les ai vécus*, 1984. • *Les dialogues ou l'enfant né sans parents*, 1986. • *Les dialogues ou le saut dans l'inconnu*, 1988.

Era véspera da invasão da Hungria pela SS nazista. Um momento de muita agonia, de muito sofrimento. Três amigas se reúnem para falarem de suas perplexidades, numa sexta-feira. Quando uma delas, a líder –mais tarde seu marido se juntará ao grupo –, diante de tudo que tombava e que explodia, numa atitude inédita, afirmou: *Atenção, não sou mais eu que falo!* Então, através de um límpido e transparente processo de transcomunicação, captando esferas angelicais, Hanna expressou a primeira mensagem tocante.

Durante cerca de dezoito meses, nas tardes das sextas-feiras, o processo transcomunicacional prosseguia, desvelando uma obra extraordinária, no fogo da inspiração, temperada em simplicidade, profundidade e fidedignidade. Obra que só foi publicada trinta e três anos depois, pela Gitta Mallasz, a única sobrevivente, pois era católica e pertencia a uma família de militares. Hanna, Lili e József, sendo judias e judeu, terminaram seus dias como mártires nos campos de extermínio.

Gitta Mallasz sobreviveu ao inferno da Segunda Guerra Mundial e ao comunismo, que sufocou a Hungria, posteriormente, para publicar o *Dialogues avec l'anges* tão logo se refugiou na França. Toda a sua existência foi consagrada a esta mensagem, que ela comentou em diversos livros, de uma estatura extraordinária. Um autêntico e raro testemunho vocacional que me lembra muito outro ser humano excepcional, Elizabeth Kubler-Ross[65], que se dedicou apenas a acompanhar pessoas que morriam, iluminando-se nesta missão de acompanhante de passagens.

No núcleo de sua obra, Gitta nos aponta para a tarefa da humanidade que, de uma forma ampliada, encontraremos em algumas obras de Jean-Yves Leloup. Eis um vasto esquema, na forma da *menorah* hebraica, o candelabro de sete chamas, que pode nos indicar a totalidade do projeto humano, como *fator Pontifex*, que

---

65. KUBLER-ROSS, E. *A roda da vida*. Rio de Janeiro: Sextante, 1998.

alia e integra todos os reinos, o infra-humano e o trans-humano, no coração do humano:

Nesta magnífica simbólica constatamos a existência interligada do mundo criado – os reinos mineral, vegetal e animal – e do mundo criador – o angelical, o arcangelical e o reino da Luz, ligando-se no reino humano. O animal conecta-se com o angelical; o vegetal com o arcangelical e o mineral com a Luz, no relicário do coração humano, câmara nupcial das bodas do pré-pessoal com o transpessoal.

Arte das bodas

Na hermenêutica leloupiana, a aliança entre o animal e o angelical se dá a partir do desvelar do desejo, proveniente das pulsões instintivas, e da palavra, emanação do Logos. Assim, ao orientarmos o desejo pela palavra integramos estas duas dimensões.

A segunda aliança, a do vegetal com o arcangelical, processa-se através da dança e do canto, o desejo dançado e a palavra cantada. Em alguns espaços, como Findhorn, na Escócia, podemos constatar como, cuidando de desertos que se transmutam em jardins, também acessamos uma consciência alada e melodiosa. No livro de Anamaria, que consta de meu livro, *Antigos e novos Terapeutas*, evidenciamos como esta especial amiga evolutiva pode curar-se de suas feridas d'alma regando jardins, transmutando dor em flor, luto em lótus.

Finalmente, a terceira aliança é a do mais sólido, o reino mineral, com o mais sutil, o reino da luz. Para Leloup, ela se dá a partir da imobilidade e do silêncio. O desejo dançado que se imobiliza, na quietude de um cristal. A palavra cantada que se transmuta em silêncio, virtude matriz do Feminino-Luz. Eis a grande utopia da plenitude humana, o sacerdócio cósmico, aliança suprema, ponte entre a matéria e a Luz.

Contemplando este projeto utópico, novamente lembro-me de parte de uma mensagem, oriunda da inspiração do deserto:
Viajantes do espaço, não há descanso,
antes do último suspiro
da Obra em construção...

Nesta idade de passagem, precisamos aprender a descansar entre um passo e outro, na pausa do Instante. É um consolo confiar que, na *Satya Yuga*, idade da luz, a nos aguardar no final dos escombros, aí descansaremos...

Uma Obra em construção

É importante observar que não há descanso antes do último suspiro, não o meu, não o seu e, sim, da Obra em construção! Esta Obra é o Ser Humano, naturalmente. É nesse sentido, insisto, que precisamos ousar postular uma pedagogia iniciática, uma autêntica escola evolutiva que inicie o ser humano a se tornar, plenamente, humano. É urgente olhar, com destemor, para esta tarefa com uma consciência, ao mesmo tempo, de humildade e de grandiosidade. Neste encantamento do símbolo do bambu que, pelo seu vazio, faz-se flauta de Krishna, por onde a melodia da Vida se expressa e as forças curativas da natureza atuam. O verdadeiro sábio é o que se despoja, na modéstia de se saber meramente canal e na dignidade auferida pela consciência da nobreza do projeto humano.

O estudo da plenitude e dos caminhos de realização é fundamental, constituindo um dos temas mais importantes de uma educação integral. Assim é que retorno ao sonho de Selenne, que muito me tocou. Nele, poderemos encontrar chaves preciosas para se compreender o que estamos indicando nessa reflexão sobre a normose. Sem pretender interpretá-lo e esgotá-lo, apenas buscando apontar algumas direções criativas, de forma ampliativa, me permitirei passear por esta significativa vivência onírica.

O manto da Grande Mãe

Um edifício em ruínas: talvez uma metáfora desse tempo que estamos atravessando e que eu tenho denominado de crise de demolição – lição do demo, da dispersão e fragmentação. Esse desabamento de uma Babilônia insustentável, do império do amor ao poder. Lembrando que, das pedras dos escombros inevitáveis, poderemos erguer uma nova Jerusalém, a cidadela do poder do Amor.

O quarto andar é muito importante, é onde começa o processo do caminho evolutivo. É precisamente o quarto ser humano, na proposta de Gurdjieff. O ser humano também é o quarto reino, na simbólica que nos foi brindada por Gitta Mallasz. Assim como o coração é o quarto chakra, o mais propriamente humano, que conecta os três básicos aos três supremos.

Podemos compreender o primeiro chakra como sendo o reino mineral; o segundo, o reino vegetal; o terceiro, o reino animal; o quinto, o angelical; o sexto, o arcangelical; o sétimo, o da Luz. Todos se integrando no quarto, o chakra do coração, em fecundas bodas de sinergia e realização.

Neste sonho especial há uma criança machucada, em cativeiro. O que nos lembra deste sintoma, que já mencionei, tão doloroso e trágico, da violação da inocência. Eis a criança machucada e aprisionada da humanidade apontando para o melhor que está ferido em cada um de nós, que está encarcerado em cada um de nós. Essa inocência, essa capacidade de olhar com confiança plena. É a criança que Carl Gustav Jung[66] denominava de *divina*, um arquétipo do Self Crístico.

Na virtude terapêutica da compaixão, ela quis levar a criança para sua casa, para cuidá-la. Selenne talvez represente este feminino em nós, que quer cuidar de todas as crianças ultrajadas e

---

66. JUNG, C.G. *Obra Completa*. Petrópolis: Vozes.

abandonadas. E que se dá conta, num momento de lucidez e reconhecimento saudável de impotência: *Eu não posso!*

Entretanto, há algo em nós, além de nós, que pode abrigar todo este sofrimento num colo de Luz pura e de Bondade infinita: *Eu preciso levá-la para a Grande Mãe!* Que *insight* sábio e precioso. Como diz o poeta Jimenez, *Eu não sou eu. Eu sou Alguém que caminha ao meu lado...* Esse Alguém que me habita e que não sou eu, este Alguém pode cuidar de nossas crianças feridas e perdidas: o arquétipo da Grande Mãe, do Manto de Maria!

Finalmente, a Amiga fala na gruta. Não será essa outra metáfora do coração humano? Uma simbólica mesma do Útero da Vida, esta fenda de Amor no âmago de todos os universos, onde o Feminino Eterno habita? Indagação que me leva a partilhar outra mensagem, precisamente a quarta que escutei em oito madrugadas de 1991, muito vasta, que tem sido uma inspiração e consolo em meu caminho:

> Mãe de todos os Oceanos,
> Origem de todos os Universos,
> Grande terror dos perdidos,
> Consolação infinita dos buscadores,
> Mistério de todos os mistérios,
> Em cujo Sonho tantas vezes nasci,
> Tantas vezes parti.
>
> Mãe de todos os desejos,
> Em cujo Seio fui pedra,
> Rastejei no lago,
> Na selva fui fera,
> Cabra nas montanhas,
> Até erguer-me das mil formas,
> Chamando seu nome nas mil mortes,
> Penetrando no caminho sem volta,
> De volta ao Lar.

Mãe de toda a misericórdia,
Refúgio seguro da miséria do existir,
Em cujo Manto todas as lágrimas secam,
Todos os murmúrios cessam,
Toda aflição silencia.

Útero de canções e epopeias,
De gemidos sem fim,
Dos arrepios da vida,
Do Grande Silêncio Gerador.

Mãe da doçura e do perdão,
Do Sim que fecunda todos os desertos,
Da minha infindável travessia,
Na terra do Eu Sou.

Todos os números foram lançados,
E a fome não foi saciada,
Todos os Oráculos criados,
E a sede não foi aplacada,
Todos os vinhos servidos,
E não curada a ferida.
Das entranhas da noite o meu grito,
Mãe!

...Ainda ontem tão inseguro andava,
E agora em seus braços me aninho,
O Universo me abraça.

Afinal, eu me rendo,
Quem se rende afinal?
Quem se rende?

Ao vento do deserto eu me esvazio,
A taça transbordante do Poeta em minha mão
Me basta.

Torrentes, torrentes e torrentes,
Onde me afundo, debato e me encontro
Descanso.

Eis o único espaço além do espaço, tempo além do tempo, onde poderemos descansar, no regaço materno da Fonte Essencial, de onde tudo que é existente jorra. É preciso resgatar esse poeta capaz de esvaziar-se para que o cálice do Nada possa transbordar.

Ainda bem que, no melhor de nós mesmos, poetas somos. Ouço dizer que Deus criou o mundo. Às vezes gosto de imaginar, com Jimenez, que foram os poetas que criaram um mundo de beleza, harmonia e de graça, para que Deus não morresse de um tédio eterno...

Nada menos que Tudo

Concluirei, então, com este poeta maior, Jimenez, tão sensível à normose, que viveu anos em hospícios, dando-nos um sensível e belo testemunho de poesia, de grandeza e de amargura. *Aonde tens que ir é só a ti...* Ele comenta uma mensagem do Evangelho. É um poema que desmistifica o tema da plenitude, que desnuda o esplendor da transparência humana. Este alvo que as instituições religiosas e as idolatrias, às vezes, nos pintam de modo mais a nos alienar e nos afastar do que desvelar e aproximar: a Ressurreição, germe crístico adormecido no promissor e descuidado Oásis do Potencial Humano.

Essa é uma estratégia da normose: afastar-nos do melhor de nós mesmos, encerrando em altares o que está ao alcance de todos os que se buscam, dos artesãos que laboram nas oficinas da evolução onde um ser humano pleno encontra-se em processo de gestação e de construção:

"As palavras que vos disse são Espírito e Vida"...

    Se isso fosse verdade, Senhor,
    que ventura! E que alegria
    se tivesses vivido.
    Se essas palavras doces
    tivessem sido por tua boca ditas.

Eu quisera encontrar-te
um dia, na curva de um caminho,
vestido de ti mesmo,
livre, por fim, das ricas
sedas que os outros te vestiram
em tua perfeita, claríssima nudez,
com a mão entre os linhos,
perdido em tuas fragrantes fantasias...

Sim, quero seguir-te
pela senda divina
que leva a um paraíso de venturas,
mas que a harmonia
de tua glória não seja
como essa que me pintam.

Que não te mostre de outro modo,
que, por fim, venhas a mim, como costumavas,
melancólico e doce,
vestido de tristeza e de sorriso.

3
Do estagnante ao mutante

Pierre Weil

Encontro-me numa história que gosto muito, do sábio persa Mula Nasrudin, que ensinava mediante piadas. Um dia ele foi procurado e convidado a falar para um grupo de pessoas, ávido por seus ensinamentos. Chegando no grande auditório, apinhado de gente, Mula assim falou: *Minha gente, para eu falar para vocês e ser compreendido, preciso ter a certeza de que vocês têm conhecimento sobre aquilo de que vou falar. Levante o braço quem tem ciência de meus ensinamentos.* Ninguém levantou o braço. Então, concluiu Mula Nasrudin: *Se ninguém sabe o que eu vou falar, o que eu estou fazendo aqui?* E foi-se embora.

Transcorrido um mês, a mesma delegação foi visitá-lo, implorando para que ele voltasse a falar. Mula aquiesceu e, lá chegando, de novo indagou: *Vocês já sabem que eu só posso falar para quem tem conhecimento de minha abordagem. Quem conhece o que eu vou falar, levante o braço.* Todas as pessoas levantaram seus braços. E o mestre concluiu: *Então, se todo mundo já sabe, o que estou fazendo aqui?* E foi-se embora.

Um mês depois, de novo procuraram Mula, numa insistente solicitação para que ele ensinasse ao povo, faminto de sua sabedoria. Concordando, Mula dirigiu-se ao auditório. Lá chegando, indagou: *Quem conhece o que eu vou falar, levante o braço.* Prudentemente, a metade do grupo levantou o braço e a outra metade, não. Então, sentenciou Mula: *Muito bem; sendo assim, que a metade que sabe ensine a metade que não sabe!* E foi-se embora.

Tornar-se o que se é

Acontece que as histórias de Mula Nasrudin são muito profundas e contêm um ensinamento escondido, nem sempre evidente. O que Mula queria dizer com esse ensinamento é que, realmente, nós não ensinamos nada, não transmitimos nada. Sobretudo no que se refere a este absurdo de como passar da normose à plenitude. Porque tudo já está dentro de nós. Mais perto do que as pontas de nossos narizes.

O que fazer, para passar da normose à plenitude? A resposta é só uma: despertar! Aquilo que o Gurdjieff apontava, e todos os grandes mestres da consciência: despertar! É essa a arte que está ao nosso alcance, em nossas próprias mãos.

Acontece que procuramos essa plenitude onde ela não está. Apontando nesta direção, lembro-me de outra história de Mula Nasrudin. Numa noite de luar, ele procurava um objeto na rua. Suando muito, ele procurava e procurava. Um amigo de Mula aproximou-se e perguntou: *O que você tanto procura, Mula?* Ele respondeu: *A minha chave, que perdi.* O amigo torna a indagar: *Onde você a perdeu?* Ao que Mula responde: *Eu a perdi em casa.* Perplexo e irritado, o amigo confronta: *Mas se você perdeu esta chave em sua casa, por que você a procura aqui, na rua?* Mula responde: *É que aqui está mais claro!*

Essa é a diferença entre o normótico e a pessoa saudável. O primeiro procura a plenitude onde ela não se encontra. Ele procura a felicidade, mas onde ela jamais está. E creio que a introdução tão linda de Jean-Yves e a tão poética do nosso cada vez mais poeta

Roberto Crema definiram muito bem *onde a andorinha dorme*, ou seja, onde está o *xis* da questão...

Roberto Crema fez um grande esforço para nos mostrar e definir o que é realmente um ser humano realmente saudável, além da normose. Esse é grande desafio diante de nós. Ele assumiu uma posição absolutamente adequada no tocante a este tema: o ser humano está em formação.

Isso me lembra a história de um Rabino. Um aluno disse: *Senhor, eu li a Gênese, a introdução deste processo de criação. Deus, quando cria o céu, diz que está satisfeito. Quando cria a terra, diz que está satisfeito. Cria as plantas e os animais, afirmando sua satisfação. E quando cria o homem, Ele não disse nada! Por que Ele não diz nada?* A resposta do Rabino me dá até um calafrio, pois aponta, exatamente, para o âmago de nosso tema: *Meu filho; Deus não falou nada porque o ser humano ainda está sendo criado!*

Uma síntese

Essa é a nossa missão. Assim, a tarefa que me cabe, agora, é fazer uma espécie de síntese, simplificando um pouco tudo o que foi afirmado até então. Para tornar mais claro e compreensível o *como*, esta questão levantada por Roberto: O que fazer, como passar da normose à plenitude?

O que fazer com e pelos outros? A primeira resposta é: comecemos por nós mesmos. Como podemos orientar os outros se a gente não passou, ao menos, pelas primeiras fases pelas quais as pessoas passam para percorrer esse candelabro de Aliança, tão bem descrito na obra de Gitta Mallasz? Para tal, precisamos firmar uma posição, clarificando sobre o que é o ser humano normótico e o que é o ser humano saudável. Qual a diferença?

Penso que, de certa forma, Jean-Yves e Roberto abriram um horizonte básico sobre este tema fundamental. A plenitude, quem a vive de modo permanente, é um santo. Passar da normose para a plenitude é passar da doença para a sanidade e da sanidade para a santidade.

Despertar para o Ser

No livro *Saúde e plenitude* [67] é indicado que um ser humano plenamente saudável é um santo. Também Jean-Yves apontou nesta direção. Então, é como se estivéssemos diante de um objetivo quase inatingível. O santo está em nós, potencialmente. É preciso despertá-lo. Não se forma um santo. Trata-se de um despertar para a santidade. A questão é: como despertá-lo? Diante desta pergunta, há dois tipos de pessoas: o normótico, que não está nem aí, totalmente inconsciente desta possibilidade; e o ser humano saudável, que despertou e encontra-se a caminho, conscientemente, da atualização deste potencial de plenitude.

Nos idos de 1960, na Europa, este buscador era chamado de mutante. Eu retomei a palavra agora porque é realmente genial, embora um pouco fora da realidade. Não se trata de mutação, mas de uma transformação lenta, que não é repentina. É repentino o salto para a plenitude, que vem abruptamente, após um grande e intenso trabalho anterior e interior.

Este é o tema de meu livro mais recente, *Os mutantes*[68], no qual distingo dois tipos básicos humanos: os *estagnantes* e os *mutantes*. O estagnante é o normótico; o mutante é o ser saudável, em processo de transformação. Ele muda, geralmente, porque passou por uma crise existencial, onde chorou e se desesperou, até encontrar a saída pelo caminho evolutivo.

---

67. CREMA, R. *Saúde e plenitude*. São Paulo: Summus, 1995.
68. WEIL, P. *Os mutantes* – Uma nova humanidade para um novo milênio. Campinas: Verus, 2003.

Mutantes e arcanjos

Nesse sentido, nossa função é despertar e formar mutantes. O mutante é aquela pessoa que, onde estiver, transforma seus valores, trabalha sobre si mesmo para uma finalidade: lograr a plenitude. Ou seja, o pleno alcance de todo o seu potencial, a plena liberdade, a consciência total. Como fazer isso? Pois é exatamente isso que, há mais de 16 anos, nós estamos fazendo nesta Unipaz, que se irradiou pelo Brasil afora e para o exterior.

Para nós, está muito claro que existem, pelo menos, três vertentes. O processo de passagem do estagnante ao mutante, do normótico ao ser pleno é uma via tríplice: pela *educação,* pela *terapia* e pela *meditação/contemplação.*

Jean-Yves associa estas tarefas, respectivamente, a três arcanjos: Gabriel, da inspiração e comunicação; Rafael, da cura e Miguel, da espada do discernimento. Historicamente, na Unipaz, quem nos trouxe a primeira vertente, a educativa, foi alguém que deveria estar aqui para ser homenageada, Lídia Rebouças[69].

Logo no início de nossas atividades, Lídia trouxe a Casa do Sol, cuja característica essencial é a educação pelo amor. Ela trouxe o amor a esta Casa. Trouxe as crianças e os professores, que estavam numa espécie de catacumba, no subterrâneo do Teatro Nacional de Brasília. Eu a tirei desta catacumba e a trouxe para cá, a pedido do governador de então, José Aparecido de Oliveira, que tinha vislumbres e sabia que aqui era o lugar da Casa do Sol. Hoje, ela contém um programa educacional básico, da Unipaz.

O segundo aspecto, o terapêutico, foi introduzido na Unipaz por Jean-Yves Leloup e desenvolvido, em nível nacional, por Roberto Crema; trata-se do CIT, o Colégio Internacional dos Terapeutas. Um espaço de encontro de terapeutas formados na abor-

---

69. Lídia Rebouças, psicóloga e educadora, vice-reitora da Unipaz.

dagem transdisciplinar holística que se dedicam à tarefa essencial de cuidar do Ser.

O terceiro aspecto é uma metodologia comum aos dois, à educação e à terapia, integrando-as e ultrapassando-as: a meditação. Por isso é que temos, na Unipaz, praticamente três tipos de espaços. O espaço da educação, da Casa do Sol, do Projeto Taba, da Formação Holística de Base etc.; o espaço do CIT, uma pequena e inspiradora casa onde terapeutas do CIT se encontram e trocam suas reflexões e experiências; e o *Espaço de Silêncio*, que eu recomendo que vocês frequentem sempre e mais, por ser um especial templo de orações, de meditações, habitada pelo silêncio de todos os que passaram por lá, conectados com as dimensões mais sutis e essenciais. O silêncio é uma abertura de encontro de todas as orações, de todos os corações, de todas as tradições.

O que estamos celebrando hoje é a aliança entre estas três vertentes, estas três virtudes, estes três arcanjos.

Vou falar um pouco sobre cada uma, dentro dessa perspectiva de como transformar o normótico, o estagnante, em mutante, em normalidade saudável. Ou seja, neste ser humano, que foi muito bem definido, e que está entre o animal e o angelical. Esse é o seu lugar. O que está entre o céu e a terra, integrando as várias dimensões. O que está entre o zero e o infinito.

1 Gabriel, a educação

Em primeiro lugar, refletiremos sobre os aspectos educacionais, que o primeiro arcanjo simboliza. Educar consiste em despertar, em desenvolver, lidando com seres, eu diria, não muito perturbados. Quais são as formas de educação e os problemas que estão sendo levantados na perspectiva em direção à plenitude? Eu vejo que existem crianças que já são mutantes, quase desde o nascimento, desde o berço. Essa questão é levantada pelos pequenos *tulkus*, da tradição do budismo tibetano, que já nascem na condição de Buda. São pequenas reencarnações de grandes mestres tibetanos que retornaram para ajudar no despertar dos mutantes.

O atual Dalai-Lama é um bom exemplo desta condição evolutiva. Esses meninos especiais são rapidamente reeducados, lembrando-se de seus discípulos, de seu secretário particular etc. Tudo isso é evidenciado de todas as formas; é testado e verificado. Quem viu o filme *O pequeno Buda* deve se lembrar disso. Com doze anos já estão dirigindo o monastério, como anciãos de setenta anos.

Isso levanta um problema: tanto na Casa do Sol como, ultimamente, em muitos outros educandários, tem-se notado crianças fora do comum. Aumenta o número de crianças que já nascem vegetarianas. Elas passam mal se comem carne, não toleram a mentira e demonstram uma verdadeira e precoce sabedoria. Nesse caso, educar consiste em preservar aquilo que já está ali, não reprimindo este tesouro de talentos naturais. Ora, a tendência dos pais desinformados e estagnantes é para a repressão. Quantas crianças se dirigem a adultos expressando intuições autênticas e recebem, em troca, reprimendas verbais e até mesmo físicas?

Nestes casos, a tarefa é a de cultivar, e não abafar e descuidar. Mesmo tratando-se de uma minoria, o educador precisa estar atento a este cuidado, porque sua tendência é crescente, como está sendo observado nas últimas décadas. Alguns denominam este fenômeno de *crianças índigos*.

Em relação às outras crianças, a questão é: Como facilitar seu despertar rumo à plenitude? Como todos estamos enfatizando, necessitamos de uma verdadeira revolução educacional que abranja os quatro pilares de uma proposta transdisciplinar, conforme o Documento de Jacques Dellor, da Unesco: além de aprender a conhecer e a fazer, aprender a conviver e a ser. Sobretudo, que se acrescente o aprender a conviver *com amor*, porque este é o caminho essencial para aprender a ser.

Educar educadores

Ser consciente e ser livre, ao invés de ser condicionado, como um autômato. Isso implica uma educação do próprio educador e dos pais, já que eles são, como já indiquei, os portadores e irradiadores da cultura normótica, do automatismo e da violência. Assim, a educação das crianças começa pela educação dos adultos. Por isso, em nossa Casa do Sol, desde o início foi previsto o contato permanente com os pais. E Deus sabe o quanto é difícil! Geralmente são as mães que comparecem às reuniões; raríssimos os pais, infelizmente. Isso é um fato conhecido no mundo inteiro.

Por quê? Por causa da cultura machista, um tipo evidente de normose. A nova educação precisa transcender este aspecto cultural reducionista e sombrio. Um bom início são as matérias transversais, propostas pelo Ministério da Educação, no Brasil. É uma aproximação; não é ainda a pedagogia do amor.

Então, ao levantar estas questões, na busca de suas soluções, é fundamental considerar a necessidade de uma formação continuada dos professores, como estamos fazendo na Unipaz, a partir de programas como o da Formação Holística de Base. Estendendo-se por quase três anos, é uma verdadeira escola de professores, de pais e de líderes para os novos tempos.

Nos últimos anos, criamos uma rede muito importante, a Rede da Paz. Eu creio que a rede é um grande instrumento educativo muito novo, muito recente, muito promissor. Através da internet as pessoas podem se comunicar a respeito da cultura de paz e da emergente consciência transdisciplinar holística. É uma maravilhosa teia que transcende todas as fronteiras, ligando as mentes, os povos e as culturas de nossa aldeia global. Nesse sentido, estamos buscando colaborar para o aprimoramento desta possibilidade de introduzir consciência e ética no processo de *mundialização*.

Educar as mídias

Outro cuidado, ainda praticamente inexistente, e que consideramos de tremenda importância, é a educação das mídias. Temos um documento, neste sentido, gerado por um simpósio que organizamos, centrado no tema da mídia como o quarto poder. Atualmente, quase todas as mídias têm sido utilizadas como veículos de transmissão da normose, de um paradigma esgotado, da mentalidade *masculinista*, de uma cultura estreita e de violência. Mais ainda: quando acontecem reportagens e entrevistas de cunho espiritual e, sobretudo, com pessoas genuinamente paranormais, há uma tendência para sua ridicularização, como um motivo de menosprezo e, mesmo, de calúnia. Evidentemente, a maioria dos profissionais desta área de comunicação estão despreparados para abordar este tema de forma consciente e responsável.

Enfim, precisamos cuidar de um sistema ou fórum de educação das mídias com o objetivo de alcançar essa transformação. É uma tarefa nobre e grandiosa. Visando sua realização a Unipaz busca colaborar, com muito empenho. Expresso uma convocação para a mobilização dos jornalistas e comunicadores conscientes se empenharem na criação de uma comissão de planejamento com este objetivo. Sem tardar, pois é uma tarefa premente e o tempo para este mutirão de consciência se esvai depressa.

Os sonhos premonitórios de desastres, de calamidades, que pensamos que apenas irão ocorrer em algum futuro remoto e com outras gerações, na verdade nos envolvem a todos, aqui e agora. Precisamos nos preparar para a travessia de um tempo sofrido, de provações, buscando ajudar os outros nesta tarefa de enfrentar as consequências das ações de uma humanidade desviada dos valores fundamentais. Não basta confabularmos sobre estas questões fantásticas que estamos abordando, saindo daqui apenas dizendo: *Ah, foi maravilhoso!*

A questão é: O que vamos fazer em prol da transformação, a partir de uma nova educação? Esse é o desafio que me parece essencial.

2 Rafael, a terapia

Consideremos, agora, a questão terapêutica, o segundo arcanjo. Enquanto a educação cuida do despertar do mutante, a terapia precisa dedicar-se ao processo de reparação do que a normose tem destruído no próprio ser humano. A noção de terapia foi ampliada, graças ao CIT, na Unipaz. Considerar a terapia apenas para indivíduos que têm certos distúrbios, certas desarmonias, neuroses ou mesmo psicoses, é muito limitado. Muitos a isso têm se dedicado. Entretanto, necessitamos de ampliar este conceito, já que a saúde envolve a ecologia em nível individual, social e ambiental.

Então, a terapia é profunda e naturalmente reparadora, embora os processos entre educação e terapia sejam muito parecidos, às vezes iguais. Trata-se de cuidar, além do indivíduo, da esfera social, sobretudo no contexto empresarial e educacional, como já refletimos. Por exemplo, um consultor de empresa, que procura unir o princípio masculino e o feminino na organização, a efetividade e a afetividade, é um terapeuta. Assim como também precisamos cuidar dos ecossistemas devastados. Um ecologista que cuida da reparação do meio ambiente é um terapeuta. Então, o CIT tem um conceito de terapia muito mais amplo, que envolve a saúde individual, social e ambiental.

Roberto Crema levantou um novo conceito: a pedagogia iniciática. Entre os métodos terapêuticos, temos a terapia iniciática. A distinção entre os métodos terapêuticos e educacionais nem sempre é fácil, pois se integram, às vezes. Temos as grandes metodologias orientais e ocidentais de transformação do ser humano como o Yoga, o Tai-Chi-Chuan, o Sufismo, o Budismo, o Hesicasmo do Cristianismo, entre outras. Estas grandes tradições sapienciais são caminhos diferentes, embora convergentes. São moradas diversas, a exemplo da afirmação de Cristo: *A casa do meu Pai tem muitas moradas*. E, como dizia Teilhard de Chardin[70]: *Tudo o que sobe, converge*. Todas elas se elevam e, assim, convergem.

A beleza, por exemplo, do Yoga, como método educacional e também terapêutico, é a de apresentar metodologias próprias, específicas para cada bloqueio de cada centro energético. O Hatha Yoga para os problemas do primeiro chakra físico. O Tantra Yoga para o sexual. O Karma Yoga para o terceiro, o do poder. O Bakti Yoga para o quarto, do coração. E assim por diante, até o Jnana e o Raja Yoga, que é o Grande Yoga.

Dessa forma, cada modalidade de Yoga tem sua especificidade e função, realizando aquilo que um dos meus mestres suíços, Eduardo Claparede, dizia: *Educação tem que ser como um terno, feito sob medida, para cada um*. É o que realizamos na Formação Holística de Base, na Formação Holística de Jovens e de Jovens Líderes, da Unipaz.

A arte de viver em paz

Como passar dessa educação puramente intelectual, da qual nos falava Roberto, que se reduz ao processo de aprender a conhecer e a fazer, num dominante racional e manual, para uma educação também vivencial, integral? Ao longo de mais de uma década e meia, desenvolvemos um método de educação para a paz que consiste em unir o intelecto e a vivência, propondo também uma

---

70. CHARDIN, T. *O fenômeno humano*. São Paulo: Herder, 1965.

síntese entre métodos educacionais orientais e ocidentais, cuja amostragem pode ser encontrada no seminário, *A arte de viver em paz* e no livro, com o mesmo título, publicado pela Unesco. Esta obra acaba de ser reeditada, em francês e inglês, e está à venda em todo o mundo nos departamentos da Unesco.

Esse método foi premiado em 2000, justamente na entrada do novo milênio, em Paris, com o *Prêmio Internacional de Educação para a Paz*. A menção precisa que seu mérito consiste na integração realizada entre abordagens orientais e ocidentais.

Este é um projeto que temos irradiado em todos os estados, por meio de convênios com as Secretarias de Educação. De que se trata? Trata-se, justamente, de preservar o intelecto, não ir contra ele. Não passar para o outro extremo de negá-lo, pois isto redundaria num reducionismo vivencial que apenas determinaria a modelagem de outros tipos de autômatos, de gente que não pensa, movidos exclusivamente por impulsos sentimentais.

Metodologia e balé

Nós começamos pelo intelecto e passamos para a vivência. Depois da vivência, voltamos ao intelecto. É uma espécie de balé. Pois sabemos que se o intelecto não participar ou não estiver de acordo vai sabotar, trabalhando contra. Então, precisamos fazer dele, do *diabolos*, do que divide, classifica, analisa, um aliado. Esse é um dos aspectos essenciais desta metodologia.

Outro aspecto é a união, na proposta educacional, dos princípios masculino e feminino. Existe uma educação diretiva, tipicamente masculina, que é integrada com a abordagem não diretiva, essencialmente feminina, centrada no educando, na qual o educador é aberto e não impositivo, proposta esta desenvolvida, com grande maestria por Carl Rogers.

Conseguimos criar um método de educação que teve seu início na introdução da *Arte de viver em paz*, e pode ser encontrado, em sua versão final, na *Arte de viver a vida*[71]. Este caminho é, ao mesmo tempo, diretivo, apontando direções, e completamente não diretivo, centrado nos aprendizes. A beleza desse método é que são as pessoas que decidem, que concluem, enquanto o facilitador/educador entra em atuação quando percebe que o grupo encontra-se passivo. Neste caso, ele faz o papel do guia, que aponta para a lua, direcionando os olhares para a realidade em questão.

3 Miguel, a meditação

Surge, então, o terceiro arcanjo, o da oração e contemplação, que nos liga a essa proposta de uma pedagogia e terapia iniciática. O que há de comum entre elas é que apontam para a meditação, o silêncio, o recolhimento, para procurar a chave dentro da casa escura, onde ela foi perdida, e não na rua, apenas pelo fato de estar mais iluminada. Temos que voltar para a casa para encontrar a chave perdida. A melhor maneira é penetrar num espaço de silêncio, num templo de serenidade interior... Creio que Jean-Yves está fazendo ressurgir a noção antiga do templo, sua função primordial de contemplação, de abrir espaço.

Isso nos leva a um último aspecto, em que verificaremos a questão da normose religiosa e da terapia inter-religiosa. A focalização deste tema será no sentido de realizar uma espécie de síntese de tudo o que refletimos até agora. Uma ocasião para focalizar os métodos essenciais, os mais tradicionais e milenares, que deveriam nos levar à plenitude, e cujos desvios são, às vezes, de tal ordem que se degeneraram em normoses religiosas, determinando milhões de mortes, de sangue derramado em nome de Deus...

---

71. WEIL, P. *A arte de viver a vida*. Brasília: Letrativa, 2001.

Trata-se de verificar o que este novo conceito, o de uma terapia inter-religiosa, criado por Jean-Yves, além do conceito de normose, pode fazer por nós. Convidamos alguns membros da fé Bahai, que estão trabalhando conosco em um determinado projeto, para mostrar como estamos começando a colocar em prática essa terapia.

Com certeza, surgirão outras ideias do que se pode e se deveria fazer. Assim sendo, este simpósio seguirá sendo, a partir das perguntas e das contribuições dos participantes, o que Roberto Crema chama de *canteiro de obras*, um espaço de cocriação. Estamos, realmente, edificando em torno da educação, da terapia e da meditação, os três pilares do processo de despertar rumo à plenitude, dentro e fora da Unipaz.

PERGUNTAS E PARTILHAS

1 Sobre o ficar

Essa questão dos jovens, do casal de adolescentes, que ficam juntos hoje, com beijos e abraços, sem nenhum envolvimento afetivo; no dia seguinte é como se não tivesse acontecido nada; eu vejo isso como um grande ataque à relação sadia dos casais. Um grande ataque ao corpo, ao jovem, à sexualidade, ao amor. Diga-nos como lidar com isso. Nossos filhos se sentem desajustados?

Pierre Weil

Esta pergunta está intimamente ligada a uma normose específica, que ainda está muito reprimida no inconsciente, que é a própria normose sexual: desvios, total incompreensão da pulsão da sexualidade, do desenvolvimento humano e da transcendência rumo ao transpessoal.

Essa ignorância se caracteriza por um corte entre o *sexo*, a parte genital e a vida espiritual. Traduzindo na linguagem dos chakras, entre o segundo chakra, que é o do prazer erótico, e o quarto, do coração e, ainda, o sétimo chakra, centro energético do transpessoal. Esse corte é o resultado de uma aprendizagem ou modelagem sexual diferente nos meninos e nas meninas.

Para os meninos, na cultura brasileira, antigamente era costume os pais levarem os filhos ao prostíbulo, em torno dos 14 anos, pois tinham medo de que, sem esta iniciação, eles se tornassem homossexuais.

Então, desde cedo, o jovem brasileiro foi acostumado a pagar para ter relação sexual. E são relações sexuais absolutamente sem valor afetivo, sem partilha de intimidade. Um corte entre o quarto e o segundo chakras: aí reside uma raiz terrível do desencontro e desamor entre casais.

As meninas, por outro lado, eram educadas para o recato sexual. Sua formação religiosa era mais acentuada, o que fazia com que as meninas tivessem a oportunidade de viver mais a sublimação. Assim, as meninas eram mais amorosas e mais abertas à espiritualidade.

Isso talvez explique o fato de termos, nos Seminários de Formação Holística de Base, uma maciça maioria de presença feminina, talvez em torno de 80%. Os homens estão mais dissociados, menos inteiros. Esse é um aspecto da normose sexual contemporânea.

Jean-Yves Leloup

Não sei se entendi bem a pergunta. *Ficar*, para mim, é um mistério...

Entretanto, pelo que posso perceber, creio que é aquilo que está sendo proposto para os jovens pela TV ou pela mídia. É um reflexo da normose do ambiente e da comunicação, como falava Pierre.

Será que se pode propor alguma outra coisa? Em francês há uma expressão: *ter o coração na mão*.

É muito diferente você ser tocado por alguém que tem o coração na mão. Muitas vezes, você é tocado pelo outro como se fosse uma coisa, como se fosse um pedaço de carne, um objeto a ser consumido, a ser possuído. Outras vezes, somos tocados com um sopro. Não somente como um corpo, mas um corpo animado. Em alguns momentos, podemos ter sido tocados como um deus e isso é um grande privilégio. Ser reconhecido não apenas como corpo material, como matéria, não somente como um corpo inspirado e habitado por uma alma, mas também como um corpo que é templo do Espírito Santo. O que faz a diferença é a consciência e o coração que se tem na mão.

Como é possível introduzir a consciência e o coração no sexo? Seria uma outra sexualidade. Não apenas animal e corporal, mas uma sexualidade verdadeiramente humana, na qual Deus também está presente.

Esse é, justamente, o tema do livro *O Evangelho de Felipe*[72]. Nesse evangelho, essas possibilidades são colocadas e a sexualidade pode ser o espaço para a revelação da presença de Deus, do Deus Amor e do Deus Criador. Não é exatamente isso o que temos aprendido na religião cristã, onde passamos a adotar uma atitude de desconfiança diante da sexualidade.

Quando falamos de um corpo, de que corpo estamos falando? Quando falamos do encontro entre dois corpos, quais corpos estão se encontrando?

Não existe apenas o corpo sexual, existe também o corpo da emoção e o corpo do pensamento, o corpo do sentimento e o corpo de Luz. Se pudéssemos mostrar aos jovens, sobretudo a partir de testemunhos de relações nas quais não são apenas dois sexos que estão se encontrando, são também dois sopros, duas luminosidades, talvez a sexualidade pudesse tornar a ser um espaço sagrado.

Não devemos apenas teorizar, mas falar de relações concretas. Deixar vir o coração na mão, e aquilo que vamos tocar aparecerá para nós dentro de outra realidade. Colocar um pouco de coração na sexualidade; então, a relação será diferente.

É muito raro conseguir amar alguém de uma forma inteira. Muitas vezes, o que amamos no outro são pedacinhos escolhidos, num tipo de relação fragmentada.

---

72. LELOUP, J.-Y. *O Evangelho de Felipe*. Petrópolis: Vozes, 2006.

O encontro de dois seres inteiros, como no poema de Rilke[73], é um vir a ser que temos que criar, um futuro que temos que inventar. Não se trata apenas de um macho e de uma fêmea se encontrando, mas de duas pessoas, duas humanidades que se inclinam uma diante da outra e que, por meio desse gesto de intimidade, acabam por descobrir sua própria identidade um no outro. Esse é um caminho muito longo.

Lembro-me de um amigo que encontrou uma edição não expurgada do *Kama Sutra*. Ele se sentiu muito excitado pela descoberta dessa nova versão. Imaginou que nela encontraria novas posições, novas atitudes e posturas sexuais. Entretanto, era justamente a versão da qual não foram retiradas todas as orações!

A exemplo desse *Kama Sutra*, talvez seja importante lembrarmos que nossas camas são, também, nossos tapetes de orações; isso muda a oração e, também, o amor.

Em seu evangelho, Felipe afirma que o único lugar onde verdadeiramente oramos, em Jerusalém, é no quarto nupcial, que é o Santo dos Santos, o mais sagrado de todos os espaços.

Roberto Crema

Aprendi com Moacir Gadotti, educador que foi discípulo de Paulo Freire, que há um ditado popular brasileiro que conhecemos só pela metade: *Se ficar o bicho pega. Se correr o bicho come. Se juntar o bicho foge!...* Esta sabedoria simples do povo talvez possa jogar mais um pouquinho de luz nessa temática.

O que não nos contaram é que *se juntar o bicho foge!* É interessante refletir neste ditado, numa perspectiva antropológica, para desvelar a sabedoria que nele se inscreve.

---

73. Rainer Maria Rilke, poeta alemão, nascido em Praga, 1875, foi secretário do escultor François Rodin. Uma de suas obras mais conhecidas é *Cartas a um jovem poeta* (São Paulo: Globo, 1999).

Como sabemos, o oposto da paz não é conflito; é estagnação. Nesse sentido, a expressão *ficar* é verdadeiramente um sintoma de uma normose. Na geração de nossos pais, uma vez que se ia para a cama com alguém, tinha que ser para sempre. Atualmente, a tendência é oposta; namorar e ir para a cama tornou-se um mero *ficar*, um consumir o corpo do outro, de forma banal e quase impessoal.

Amyr Klink, um bom navegador, afirma que *o maior naufrágio é não partir*. E os antigos navegantes da Escola de Sagres bem indicavam que *nenhum vento é favorável para aquele que não sabe onde quer chegar*.

Se ficar, na estagnação, o bicho pega. Se correr, de forma desnorteada, sem norte, sem um alvo, sem a clarificação do desejo, o bicho come. Podemos compreender o bicho como a crise, a alienação, a falta de uma orientação.

E o que é juntar? É a arte holística da integração. É nossa contribuição, da Unipaz e do Colégio Internacional dos Terapeutas, para transcendermos a crise de fragmentação e dissociação que ameaça a própria perpetuação da família humana, neste planeta em processo de transição.

Juntar nossas funções psíquicas: razão com coração, sensação com intuição. Desenvolvendo as mais reprimidas e indiferenciadas, integrando-as e harmonizando-as, o que nos conduz ao Self, uma inteligência da totalidade psíquica. Trata-se do desenvolvimento de uma inteligência integral, por meio do desbravar desse vasto potencial psíquico, tarefa de uma alfabetização psíquica que faz tanta falta em nossos tempos.

Onde aprendemos a amar? Onde aprendemos a existir? Onde aprendemos a morrer? Krishnamurti sempre insistia sobre os temas fundamentais do amor e da morte. O amor e a morte se enlaçam na arte de viver o Instante.

São temas fundamentais que não constam de nossa pedagogia normótica e nossos jovens não aprendem a lição fundamental da escola holística da existência. É a primeira e derradeira lição: a do amor. Quem aprendeu a amar, aprendeu também a morrer de uma forma delicada e gentil, como testemunha Rabindranath Tagore[74], em sua oração de despedida:

> Recebi o meu chamado. Despedi-vos de mim, queridos irmãos! Inclino-me diante de todos vós, e sigo meu caminho.
>
> Devolvo agora as chaves da minha porta e renuncio a qualquer direito sobre minha casa. Por último, só vos peço algumas palavras amáveis.
>
> Fomos vizinhos por longo tempo e eu recebi mais do que pude dar. Agora se acendeu o dia, e a lamparina que iluminava meu canto escuro se apagou. Chegou a convocação, e estou pronto para minha jornada.
>
> [...] Não me pergunteis o que estou levando comigo. Sigo minha jornada com as mãos vazias e o coração latejando de confiança...

E por ter aprendido as lições básicas da arte de existir, não precisar mais retornar em função das pendências, das questões ignoradas e inacabadas. Toca-me muito outro poema, de Jimenez[75], que também afirma a leveza de poder partir, em paz e definitivamente:

> Eu não voltarei. E a noite
> morna, serena, calada,
> adormecerá tudo, sob
> sua lua solitária.
>
> Meu corpo estará ausente,
> e pela janela alta
> entrará a brisa fresca
> a perguntar por minha alma.

---

74. TAGORE, R. *Gitanjali*. São Paulo: Paulus, 1991.
75. JIMENEZ, J.R. *Antologia poética*. Lisboa: Relógio D'Água, 1992.

> Ignoro se alguém me aguarda
> de ausência tão prolongada,
> ou beija a minha lembrança
> entre carícias e lágrimas.
>
> Mas haverá estrelas, flores
> e suspiros e esperanças,
> e amor nas alamedas,
> sob a sombra das ramagens.
>
> E tocará esse piano
> como nesta noite plácida,
> não havendo quem o escute,
> a pensar nesta varanda.

É uma lástima constatar que não há escola para as mais importantes e autênticas questões existenciais. Na referida *kali yuga*, idade consciencial que estamos em vias de transcender, confio, há o predomínio do ego, que é a fonte de todos os problemas contemporâneos. A pedagogia normótica é a que nos encerra no sistema fechado do domínio egoico.

Talvez nós tenhamos que escrever um *Kama Sutra transdisciplinar*, uma abordagem holística da arte de bem amar! O ser humano é um microcosmo. Quando duas pessoas se encontram, muito além do *ficar* e da impotência em relação à intimidade, de um *donjuanismo*, uma deflexão – resistência ao contato pelo não aprofundamento – estéril e superficial, são dois universos que se enlaçam e se fecundam.

Nossa cultura normótica nos ensina esse trânsito relacional de superfície, fracasso da intimidade e da transparência relacional que são sinais de verdadeira saúde na comunicação. As pessoas realmente saudáveis são aquelas que são capazes de intimidade, de amar e de se doar. Se o ser humano é um espaço de encontro de todos os reinos, então o amor integral é o encontro de dois reinos minerais, vegetais e animais. Também é o encontro de dois reinos angelicais, um encontro de devas, hierofania total de deuses e deusas no leito nupcial do coração humano.

E onde nos preparamos para essa possibilidade, comunhão de raízes e asas, de duas inteirezas, de dois Mistérios, arte de encontro e de Aliança?

A Formação Holística de Jovens e a Formação de Jovens Líderes, da Unipaz, são espaços férteis para este aprendizado. Tenho sido testemunha – como professor e pai de três filhos que passaram por este processo –, da transformação de dezenas de jovens que se engajam nestas boas trilhas, que são iniciações à existência adulta. Eles estão ávidos por esta educação integral, que focaliza a dimensão da alma, da consciência, do pessoal e do transpessoal, dos estados de consciência, da questão vocacional, da convergência entre a ciência contemporânea e os caminhos milenares do despertar evolutivo.

É tocante constatar que os grupos de jovens criam uma cultura tribal, consciente e responsável, uma rede de apoio e de cuidado ecológico que subsiste mesmo quando as formações findam. É uma experiência que precisa ser multiplicada, pois trata-se da geração que necessita de todos os instrumentos de travessia, da inteligência integral e dos dons especiais da espécie para a tarefa global de reconstrução.

Assim, o fenômeno do *ficar* talvez faça parte de uma normose relacional mais ampla, de uma pedagogia que sabota a dimensão anímica e do coração, que castra as asas dos alunos para os voos mais altaneiros, que modela um tipo de competitividade e de reducionismo ao mero fator instrucional, com métodos de padronização, de comparação, de banalização. É uma pena que não haja protestos dos pais e responsáveis por uma educação mais nobre e humana. Só fazemos greves por questões menores. Estou aguardando uma autêntica greve, com ousadas e urgentes reivindicações: *Queremos que nossos filhos sejam alfabetizados psiquicamente! Queremos a alma nas escolas! Queremos consciência e ética nos bancos escolares! Queremos que nossos filhos e filhas aprendam a amar nas escolas e universidades!*

Essa é uma questão muito relevante, que pede por um aprofundamento: um *Kama Sutra* integral, para que dois seres humanos possam se encontrar como dois universos abraçados, duas humanidades inteiras enlaçadas, dois seres alados aliados, duas divindades conciliadas. Amém.

Pierre Weil

Apenas quero acrescentar algo do qual me lembrei, em relação à normose sexual, complementando o que Roberto disse. Há duas fases nessa normose sexual, pelo menos aqui no Brasil.

Na primeira, tivemos o corte entre a frequência às prostitutas e o namoro no portão. Agora, a prostituição é substituída pelo *ficar* e o *namoro de portão* pelo namoro. E continua a responsabilidade da escolha. Essa minha afirmação pode parecer, para muitos, um tanto chocante. Creio que ela corresponde a algum aspecto da realidade. Buscando explicar melhor:

Os rapazes são acostumados a fazer, do sexo, uma descarga de tensão. Outrora, essa descarga se fazia pagando uma prostituta. Hoje, a prostituição caiu de moda, diante da liberação sexual, em que se pode *ficar* à vontade. Este *ficar* constitui uma normose atual, pouco saudável, patogênica sobre diversos ângulos, que foram refletidos anteriormente. É neste sentido que afirmo que o ato de *ficar* pode ser um substituto da prostituição de outrora. Nos dois processos normóticos, os jovens se iniciam na sexualidade separando a dimensão sexual do afetivo, da dimensão do coração. Uma simples descarga de tensão libidinal.

Por outro lado, as moças, diante da masculinização do movimento feminista, imitam os rapazes neste *ficar* desconectado. Sem mencionar que muitas mulheres já contratam rapazes para obterem suas descargas sexuais!...

2 Sobre o amor a si e aos outros

Qual o limite entre o amor-próprio e a misericórdia, o perdão?

Jean-Yves Leloup

Onde, em meus pulmões, começa meu sopro e onde começa o Sopro da Vida? Será que eu posso dizer: esse é o meu sopro e ali é o Sopro que anima o Universo? Onde eu começo, onde eu termino?

Onde termina o amor-próprio começa o amor pelo outro. Penso no que dizia o Dalai-Lama: *Amar os outros é uma maneira especial de amar a si mesmo.* Quando estamos dentro desse clima de amor e de respeito, estamos em boa saúde. O amor ao outro e o amor a si mesmo não estão separados. Eles são como uma flor que pode ser um botão, mas também pode se abrir.

O importante é a abertura do coração. Antes de amar nossos inimigos, o que foi pedido a Jonas, talvez possamos começar amando as plantas do jardim. Pode ser difícil amar o vizinho, mas, se abrirmos o coração para uma planta ou para um animal, o coração vai começar a desabrochar e um dia, talvez, ele possa se abrir ao vizinho... O amor aos nossos amigos e aos próximos pode fazer o coração se abrir ainda mais e, a partir deste momento, poderemos começar a amar e a aceitar as pessoas que antes não suportávamos.

Será que esse amor que sentimos um pelo outro nos fecha, encerrando-nos em nós mesmos? Ou será que é graças a esse amor que nos tornamos um ser mais capaz de amar todos os outros seres?

Não podemos opor o amor a si mesmo ao amor aos outros e ao amor a todos os seres, até mesmo aos inimigos. É o mesmo amor, a mesma semente que brota e se abre plenamente.

3 Sobre a obra Operação Cavalo de Troia

Jean-Yves, como grande conhecedor do Cristo, gostaria de saber se os livros Operação Cavalo de Troia, *de Benitez, trazem alguma nova contribuição sobre a vida de Jesus.*

Jean-Yves Leloup
Eu não conheço estes livros, mas existem nessa mesa outros grandes conhecedores de Jesus Cristo, que talvez tenham lido a obra em referência.

Roberto Crema
Li a metade do primeiro volume, são vários. Confesso que tenho dificuldade com um Cristo muito prolixo. O que me toca nos evangelhos é a precisão, a concisão, a sobriedade, a parcimônia e ao mesmo tempo essa grande abertura de visão e de inteligência, posta no vir-a-ser crístico da possibilidade humana.

4 Sobre uma Pedagogia Iniciática

Gostaria de ouvir um pouco mais sobre a pedagogia iniciática. Já existe bibliografia sistematizada a respeito? Que Deus o abençoe mais ainda.

Roberto Crema
Essa é uma abordagem muito vasta, sobre a qual estou escrevendo um livro, ampliando uma conferência que proferi no V Congresso Holístico Pan-Americano, em Florianópolis, e no *III Rencontres Internationales Science & Conscience*, em Strasbourg, sobre *Pedagogia Iniciática – educar para Ser*.

Restrinjo-me, agora, a fazer uma breve reflexão de base. As últimas declarações da Unesco sobre transdisciplinaridade, sobretudo a derivada do Congresso de Locarno, integrando o documento de Jacques Dellors, insistem nos quatro fundamentos de uma nova educação transdisciplinar: *educar para conhecer, educar para fazer, educar para conviver e educar para ser.*

A educação convencional, refletindo um paradigma materialista do racionalismo positivista, apenas se dedica, de forma fragmentada, aos dois primeiros pilares: educar para conhecer e para fazer. Educar para conviver e para Ser representa todo um universo a ser desvelado e conquistado, com total ousadia e premência, pois a sua lacuna encontra-se no cerne da crise contemporânea.

Uma educação exclusivamente disciplinar, centrada na especialização, tem demonstrado a sua precariedade e insuficiência. Nenhuma visão especializada pode responder, inteligentemente, aos desafios atuais, que são globais. As funções do especialista e do generalista, cada vez mais serão relegadas aos computadores. Mais do que nunca, necessitamos desenvolver a inteligência integral, a mais nobre herança do potencial de nossa espécie. Como afirma Basarab Nicolescu, transdisciplinaridade é o que se encontra entre, através e além das disciplinas.

Trata-se de facilitar um *aprender a aprender*. Diante do acúmulo, numa curva exponencial, das informações provenientes de nove mil disciplinas, que continuam a se proliferar, o grande desafio é o do discernimento. Precisamos de uma escola do olhar e da escuta que possa facilitar a compreensão de si e do mundo, em processo de transformação intensa e contínua. Uma contradição grave de nosso momento histórico é que conhecemos cada vez mais e compreendemos cada vez menos...

Outra questão importante é o de superar um aprendizado do fazer, de forma mecanicista e alienada, desconectada do todo. Ver e pensar global, para agir localmente e, não, loucamente! Quando compreendemos o sentido de nossas ações, somos capazes de nos orientar de forma sábia e saudável, mesmo em tempos críticos de desalentos e desabamentos.

Quando se trata do aprender a conviver, tocamos num ponto em que o fracasso da educação convencional é muito evidente. Se no século XX vivenciamos os horrores de duas guerras mundiais e outras três centenas de guerras menores e se começamos o novo século e milênio com a face do terror, no embate cego de terroristas contra imperialistas, a pergunta que não pode calar é: *O que temos aprendido, afinal?*

Para aprender a conviver, necessitamos de uma *alfabetização psíquica*. Na educação normótica, alguém pode chegar a ser um doutor ou pós-doutor, e seguir sendo um analfabeto emocional, um bárbaro da vida da alma.

Às vezes gosto de imaginar, por exemplo, um Heráclito, ou um Lao-Tsé, nos visitando. Eles certamente ficariam fascinados com os computadores e as naves espaciais, com nossa tecnologia de ponta. Agora, os imaginemos nos observando em nossas convivências, dentro de nós, entre nós, entre as nações... Certamente, chorariam de decepção! Avançamos, de forma extraordinária, do ponto de vista técnico-científico. Do ponto de vista subjetivo, entretanto, praticamente não avançamos nada. A escalada de violência global é um sintoma de declínio de uma civilização desalmada e desamada.

Uma alfabetização psíquica implica o processo de desenvolvimento de inteligência emocional, onírica e relacional. Do ponto de vista das funções psíquicas, necessitamos desenvolver, de forma integrada e harmoniosa, a inteligência racional, a sentimental, a sensorial e a intuicional.

A razão relaciona-se com o elemento ar e o pilar do conhecimento. A sensação liga-se ao elemento terra e ao pilar do fazer. Estas são as funções do princípio masculino, enfatizadas nos últimos séculos em função do paradigma científico, racional e empírico.

O coração relaciona-se ao elemento água e ao pilar do conviver, viver com. E a intuição liga-se ao elemento fogo e ao pilar do Ser. Estas são as funções ligadas ao princípio feminino, que precisamos resgatar com urgência e vigor. Eis o grande horizonte da alma, a ser desbravado como uma das conquistas mais importantes do século XXI.

Um desafio ainda mais colossal é o educar para ser. Neste caso, necessitamos de uma *alfabetização noética*, uma Escola de Consciência. É neste sentido que proponho uma *educação iniciática*: que inicie o ser humano a se tornar plenamente humano. Facilitar que o Aprendiz penetre numa trilha de individuação, com a facilitação das legítimas tradições sapienciais que se destinam ao pleno despertar do Ser.

Trata-se do resgate de uma educação perene, das antigas e milenares escolas de sabedoria, tecnologias de transmutação consciencial que podem, com consistência e elegância, serem inseridas nos currículos de uma educação integral, a exemplo do yoga, da meditação budista, da contemplação cristã, das meditações ativas do *tai-chi-chuan* e do *aykido*, do taoísmo, as artes xamanísticas, entre outras. Essa é uma metodologia que denominamos de *holopráxis*, e que está presente em nossos programas da Unipaz e do CIT.

Um capítulo central desta pedagogia iniciática é o da *vocação*. Confio que transcenderemos o enfoque da especialização, mantendo seu aspecto positivo e necessário por meio do conceito vocacional, que aponta para o desejo mais profundo e permanente que habita o coração de cada ser humano: o desejo de realizar seu potencial, de tornar-se o que realmente é. Fincar as raízes no solo fértil dos talentos que o Mistério nos confiou, juntando a seiva que possa remeter nossa consciência para o alto, de forma que se concilie uma visão de altitude com uma visão de profundidade. Assim, encontra-se o saber com o ser, para que uma obra-prima seja ofertada à humanidade e ao universo. Um canto novo, um poema original, a beleza da essência transparecendo na existência.

Dessa forma, a escola adquire a qualidade também de um templo, onde os valores fundamentais da espécie possam ser cultivados na perspectiva de uma espiritualidade transreligiosa, fundamentada no amor, no cuidado, na fraternidade e na solidariedade. Então, nos encontraremos com o velho Confúcio, que já apontava nesta direção essencial, há dois mil e seiscentos anos. Concluo com esta sua bela canção de realização, que vale por um tratado de pedagogia centrada na inteireza:

> Aos 15 anos, orientei meu coração para aprender.
> Aos 30, plantei meus pés firmemente no chão.
> Aos 40, não mais sofria de perplexidade.
> Aos 50, eu sabia quais eram os preceitos do céu.
> Aos 60, eu os ouvia com o ouvido dócil.
> Aos 70, eu podia seguir as indicações do meu próprio coração porque o que eu desejava não mais excedia as fronteiras da Justiça.

Uma mensagem convergente com a que ouvi do Jean-Yves Leloup, falando sobre os Terapeutas de Alexandria: *Você troca de roupa em dois minutos. Leva-se uma existência inteira para trocar de coração.*

5 Sobre a matriz do Silêncio

Gostaria de saber, exatamente, o que é o falar e o pensar corretos, já que tudo é relativo.

Roberto Crema

Inclusive essa afirmação, certamente.

Estou compreendendo que a pergunta se refere a duas virtudes apontadas por Buda, em sua proposta de um caminho óctuplo, o caminho do meio: o falar e o pensar corretos.

Pensar corretamente talvez tenha a ver com o silenciar, a arte da pausa. É a bênção da pausa que nos torna livres, como indica Rollo May. Uma qualidade de consciência, de liberdade e de responsabilidade decorre da pausa entre nossos pensamentos, entre nossas palavras, entre nossas ações.

Deus é um grande intervalo, afirmava Fernando Pessoa. Se formos capazes de pausa, de uma pausa mental, se formos capazes de silêncio interior, certamente o pensar será correto, o falar será construtivo. O silêncio é a mãe de todo pensamento justo, de toda palavra sábia, de toda ação correta.

Essa é a função *apofática*, um caminho de negação e de esvaziamento, de uma pedagogia iniciática. Muito mais importante que aprender a acumular novos conhecimentos e novas formas de saber fazer, é aprender a arte de nos esvaziar do conhecido, do passado, para nos renovar na escuta do Instante. *Sê vazio, eis tudo*, conclamava Chuang Tzu.

É na medida que você se retira do caminho que dará passagem para uma inteligência mais vasta que sua razão e para um amor mais amplo do que seu coração é capaz. Esta é a lição do bambu que, por ser oco, torna-se flauta.

Quando você é capaz de se esvaziar do ontem e do amanhã, as forças curativas da natureza atuarão e a canção do Ser poderá se expressar através de você. Sendo o ego constituído de passado, apenas a esfera do Self, um ponto zero, uma vacuidade fértil, poderá orientá-lo em seus pensamentos, palavras e atitudes.

Portanto, talvez essa questão esteja apontado para o ápice, o aspecto mais sagrado e valioso de uma educação para Ser. Em primeiro lugar, trata-se de facilitar a aquisição de um bom ego, bem enraizado na matéria e na sociedade. Nunca é demais relembrar um dito dos sábios do deserto: *Antes de procurar Deus, amarre primeiro o seu camelo!* A tarefa seguinte será a de facilitar, em algum momento oportuno, que a pessoa seja capaz de ir além do ego, de um autoesvaziamento, um *egocídio* indispensável, para que possamos ser portadores da chama do Self, o Mestre interior.

Lembro-me de uma sábia afirmação de Leonardo Boff[76]: *A ressurreição é a total resposta de Deus ao total esvaziamento de Jesus.* Quando esvaziamos nossas mentes, nossos cálices transbordam...

Basta rezar com Fernando Pessoa: *"Deus, por favor, livrai-me de mim.* Juntamente com o Mestre Eckhart: *Deus, pelo amor de Deus, livrai-me de Deus!*

Quando você conseguir se livrar de você mesmo e de todas as representações de Deus, então você estará na maravilha da dança do Ser. Restará a bênção da dança, quando já não houver mais o dançarino.

6 Sobre transmutar mensagem de guerra em canção de Paz

Hoje de manhã, numa caminhada pelo belíssimo campus da Unipaz, uma colega falou que percebeu, durante a Copa do Mundo, que a maioria dos hinos nacionais falava sobre matar para defender a pátria. Isso me fez pensar, durante a fala de Pierre, na normose da defesa da pátria. Gostaria que você comentasse isso.

Pierre Weil

Há uns vinte anos, quando saí do meu retiro de três anos com os tibetanos, com alguns amigos, percorri uma parte da França, mais ao sul, na região de Provence, onde estava também Jean-Yves. Atravessando aldeia após aldeia, fiquei horrorizado ao constatar que, em suas praças, só tinham dois tipos de monumentos: além

---

76. BOFF, L. & BETTO, F. *Mística e espiritualidade*. Rio de Janeiro: Rocco, 1994.

da igreja, um monumento aos mortos. E cada monumento aos mortos exaltava aqueles heróis que defenderam a pátria. Às vezes, ou na maioria das vezes, havia um soldado com uma baioneta, imprimindo na mente dos pequenos franceses a continuação da violência e da guerra.

Quando levei minha filha, pequena moça brasileira com 14 anos, para visitar pela primeira vez a França, chegando em Paris, a primeira coisa que fiz foi levá-la para o túmulo de Napoleão. Com todo o orgulho, mostrando o monumento, afirmei: *Eis o grande imperador francês!* Ela então perguntou, de repente: *O que é isso aí?* Ao que respondi: *La Grand Waterloo: são nossas vitórias!...* Quando estava dizendo a palavra *vitórias*, tomei consciência de que eu estava transmitindo a minha cultura de guerra para a mente de minha filha que, sendo brasileira, não possuía a intensidade desta normose, felizmente.

O segundo monumento que lhe mostrei foi o Arco do Triunfo, construído por Napoleão, onde estava a Marselhesa. Então, exclamei para os meus botões: *Meu Deus!* E me lembrei da Marselhesa, com sua violenta mensagem. A consciência desta contradição me levou a compor uma nova Marselhesa, no carro mesmo, quando estava realizando este percurso na França, com os meus citados amigos.

Eu só vou lhes cantar o refrão original: *Qu'un sang impur abreuve nos sillons!:* Que o sangue impuro embebede nossos arados! Buscando realizar uma reparação, na nova Marselhesa que escrevi há o seguinte refrão:

Vivons la liberté,
dans la fraternité.
Chantons, dançons!
D'un seul elan,
vibrons à l'unisson.

Vivemos a liberdade
Na fraternidade.
Cantemos, dancemos!
Num só impulso,
vibremos
em comunhão.

Essa nova letra da Marselhesa foi cantada por Robert Muller, o chanceler da escola da Paz das Nações Unidas, de Costa Rica. Foi cantada nas Nações Unidas de Nova York e publicada no jornal *L'Express*, na França. Atualmente, está começando a ser divulgada em algumas escolas francesas. Enviei o texto para o presidente da república, Jacques Chirac, sugerindo substituir o texto original por este, criado numa consciência de paz e de não violência. Ele respondeu que a ideia era muito boa, que o texto era muito bonito, mas que ele tinha que respeitar a tradição histórica da Marselhesa. Ponto. Acabou!

Mas a canção está realizando seu caminho.

7 Sobre a mulher trabalhar fora e o homem no lar

Na passagem da normose à plenitude sigamos a trilha, nada real existe, nada irreal pode ser ameaçado. Nisto está a paz de Deus. É irresistível a vontade de compartilhar. Historicamente nós, mulheres, fomos achatadas pelos homens, escondendo-nos da crueldade invejosa e medrosa masculina. Por isso, talvez fosse interessante dizer que o resgate do amor ou o respeito às diferenças, mais que uma responsabilidade feminina, é também um dever masculino.

Por favor, um pedido: não nos prenda de novo, mais uma vez, ao compromisso único de educar nossos filhos. Precisamos ser pesquisadoras, cientistas, tanto quanto os homens. E os homens necessitam ser educadores dos seus filhos tanto quando as mulheres. Só estou aqui porque meu marido está atento às nossas crianças em casa.

Pierre Weil

Em primeiro lugar, continuo convencido de que o foco, o ponto de irradiação do amor, encontra-se na mulher. Encontra-se, também, no feminino, que existe tanto na mulher quanto no homem. Esse homem que está em casa cuidando dos filhos, enquanto sua mulher está aqui, na realidade ele está expressando seu lado feminino.

Entretanto, transformar, pedir ao homem para amar por dever, não! Porque isso seria perpetuar uma má interpretação de um dos dez mandamentos: *Tu amarás*. Não podemos amar por dever. Nós amamos na espontaneidade de nossos corações.

É muito diferente uma mãe que se joga debaixo de um carro para salvar a sua criança num puro impulso do coração, por amor, do que ela ir se consultar em relação aos Mandamentos de Moisés para saber o que deve fazer!...

A antiga interpretação religiosa, judaico-cristã, dizia que amar era um dever. Creio que Jesus restabeleceu o equilíbrio. Jean-Yves sempre afirma que o mandamento de amar não se refere a um dever e, sim, a uma esperança: *Um dia, tu amarás...* Isso muda tudo.

A questão de a mulher trabalhar fora do lar e o homem no lar não creio ser uma solução, porque seria inverter, completamente, as funções naturais. Considero-me um homem que desenvolveu o princípio feminino às últimas consequências: adoro flores, adoro música, sou muito terno. E ainda não consegui trocar fraldas, colocando o nariz na *caca*, dizendo: *Ai, que bom!*

A mulher tem isso dentro dela, em seu instinto de maternidade. O homem não pode nutrir a criança com seu leite, naturalmente. Então, não forcemos a natureza.

Há toda uma questão evolutiva pela qual passa o casal. Em meu livro *O final da guerra dos sexos* distingo sete fases de evolução do casal, desde a *matricial e romântica*, passando pela *patriarcal*. A terceira, a fase conflitiva, que corresponde à libertação da mulher e na qual 80% dos casais se divorciam, nos leva a uma quarta fase, a do *casal esclarecido*: são casais que estão procurando ler sobre o amor, se esclarecer, frequentar a Formação Holística de Base e outras vias evolutivas, buscando transcender esse conflito. Na quinta fase, enquanto a mulher encontrou o equilíbrio de sua bipolaridade e, assim, lidera o processo do casal, o homem abandonou o machismo e está numa crise de identidade masculina. Caberá à mulher facilitar este aprendizado masculino da firmeza e da ternura. Na sexta, a fase do casal andrógino, logra-se o equilíbrio entre o masculino e o feminino no interior do casal. A sétima é uma fase transpessoal, dificilmente alcançada em nossa época: a do casal iluminado, que está inteiramente a serviço de todos os seres humanos. É a transcendência total da normose do casal.

Então, como resultado dessa evolução, o homem é capaz de ficar em casa cuidando de suas crianças. A mulher é capaz de trabalhar fora. No entanto, pergunto-me até que ponto um dos fatores do aumento da violência não decorre do fato de milhões de mulheres terem sido retiradas, contra a vontade, por motivos econômicos, de seus lares, para trabalhar fora. Não haverá um sentimento de revolta e de abandono, em milhões de crianças, hoje jovens que podem apresentar problemas decorrentes desta realidade normótica?

8 Expressando gratidão

É irresistível a vontade de compartilhar minha alegria e emoção de estar aqui hoje ao lado de todos vocês e, em especial, Roberto Crema, Pierre Weill e Jean-Yves, que me encorajaram a mergulhar na escuridão e acreditar que havia luz no fim do túnel. Há quatro anos, fui batizada na cachoeira desta Unipaz, por Jean-Yves e Roberto. Um dos medos que tive que enfrentar foi o de tirar a peruca, na frente de todos, expondo que estava careca, assumindo que estava com câncer.

Essa experiência foi muito significativa para mim. O brilho, a luz que senti nos olhos amorosos e acolhedores dos dois me acompanharam e iluminaram meu caminho, nos momentos mais difíceis do tratamento e de todas as transformações pessoais, no caminho da saúde em direção à plenitude.

Hoje, posso dizer que vivo muito intensamente cada momento, cada dia, cada ano. Não posso perder a oportunidade de agradecer a fé e a coragem de todos os que buscam e generosamente emanam suas próprias luzes.

Com o coração agradeço. Ana Márcia.

IV
Normose religiosa e a terapia do amor

Viver é estar dialogando com Deus,
esteja eu escrevendo,
fazendo comida ou
respondendo a entrevistas.
A vida é inteira,
não pode ser por partes considerada.
Eu inteira rezo,
eu inteira escrevo,
amo,
choro,
tenho raiva,
rio.
Qualquer separação nos reduz
e é muito perigosa para a saúde.

Adélia Prado

1
Cuidar do que nos cuida

Jean-Yves Leloup

Falar de terapia das religiões pode parecer estranho. Como podemos curar ou tratar do que, normalmente, deveria nos curar? A primeira função das religiões é cuidar dos seres humanos, dos animais, da natureza, religando-os à sua fonte, ao Princípio Criador. No entanto, às vezes o médico adoece, o psiquiatra enlouquece, o teólogo perde a fé. Nesse momento, o que eles fazem pode se tornar perigoso.

O que é necessário tratar e curar não são as religiões. São aqueles que, às vezes, as utilizam e deturpam a serviço do próprio narcisismo e de sua vontade de poder. Vocês conhecem o provérbio chinês: *Um instrumento justo nas mãos de um homem não justo tem efeitos não justos.* É nossa maneira de interpretar as Escrituras, de utilizar a religião, que pode ser justa ou injusta.

As flores dão seu pólen e com ele a abelha faz seu mel e o zangão o seu veneno. Com as Escrituras, com as revelações que nos foram dadas, podemos fazer mel ou veneno...

As religiões foram instituídas para que tenhamos a Vida, a Vida em abundância, e não falo apenas da vida mortal, mas, sobretudo da Vida verdadeira, a Vida eterna. É lastimável que, às vezes, as religiões acabem se tornando sementes de morte, de distúrbios, de guerras. Infelizmente é o que assistimos hoje em dia. Em nome de Deus, há seres humanos que se dilaceram, inocentes são mortos, aqueles que oram ou creem de maneira diferente são desprezados e excluídos... Ocorre uma doença, uma perversão das religiões, que se tornam diabólicas, ou seja, dividem ou misturam, em vez de diferenciar e unir.

Mente estagnada e mãos fechadas

O que podemos fazer?

Antes de tudo, precisamos buscar a causa disso e, neste campo, como em outros, a causa do sofrimento é a ignorância... Há outras causas, mas gostaria de chamar a atenção para a ignorância de si mesmo e do outro; para preconceitos e pressupostos sobre o ser humano. Essa ignorância traz, consigo, a idolatria, a partir de um ponto de vista particular e uma representação única e exclusiva de Deus: é quando tomamos a representação de Deus pelo próprio Deus. Às vezes, nos combatemos e nos matamos por meras ideias e palavras. Alguém pode usar a Bíblia para bater na cabeça de seu vizinho, mas sempre com ela fechada!... Quando a Bíblia está aberta, o que vemos é um convite para abrir nossos corações para a Presença, para a alteridade do outro.

Às vezes, fazemos de nossos textos sagrados mãos fechadas. Quando tenho o punho cerrado, não posso mais nem receber, nem dar: posso, apenas, martelar. Essa ignorância, essa idolatria, vai resultar em desprezo, o desprezo pelo outro, que poderá se tornar fanatismo e violência, cujo objetivo é suprimir a opinião diferente ou reduzir o outro ao mesmo, reduzir o pensamento do outro ao próprio pensamento, reduzi-lo ao próprio ego, o qual é tomado por único, por um absoluto.

O primeiro passo para sairmos do fanatismo é nos interrogarmos sobre as pessoas que nos transmitem uma palavra sobre o

Absoluto. Tudo que sabemos de Deus é sempre por meio de um ser humano. Tudo que nós sabermos do Absoluto é sempre por meio de um ser relativo. Só temos opiniões relativas sobre o Absoluto, mas, diversas vezes, fazemos dessas opiniões relativas um Absoluto – eis a fonte dos conflitos.

O relativo e o Absoluto

Saber reconhecer que nosso ponto de vista sobre o Absoluto é um ponto de vista relativo vai nos permitir ouvir o ponto de vista do outro, que também é um ponto de vista relativo. Esse outro ponto de vista, essa outra religião, essa outra prática, não estão aí para ameaçar meu ponto de vista, mas para completá-lo, para enriquecê-lo. Eis o sinal da maturidade: quando não consideramos mais o diferente como oposto e, sim, como complementar.

Cada religião nos diz alguma coisa do Absoluto. É a verdade, mas não toda a verdade. Jesus jamais falou: *Eu tenho a verdade*. A verdade não é alguma coisa que *possuímos*, não é alguma coisa que podemos ter, nós jamais a possuiremos. Jamais possuiremos Deus... O que Jesus disse foi: *Eu sou a verdade*. Este *Eu sou a verdade* pode ser traduzido por *Eu estou desperto*, porque a palavra *alethea*, em grego, significa *"sair da letargia"*.

Então, não se trata de possuir a verdade; trata-se de ser verdadeiro. Isso é muito mais interessante. Entre duas pessoas que pretendem possuir a verdade haverá guerra. Entre duas pessoas que são verdadeiras, haverá um intercâmbio, uma partilha no nível da sinceridade e da profundidade.

A origem das escrituras

Quando nos interrogamos, de um ponto de vista mais científico, sobre o nascimento das religiões e de onde surgem as palavras das Escrituras sagradas, da Bíblia, do Alcorão, da Torá, constata-

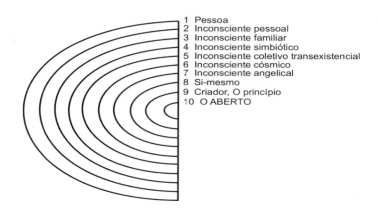

mos que, em sua origem, há sempre um ser humano. Este ser humano possui um inconsciente pessoal, um inconsciente familiar, um inconsciente coletivo, entre outros, e essa mensagem percorre todos esses inconscientes podendo ser influenciada, guardando uma impressão dos mesmos.

Quando, por exemplo, o Islamismo afirma que Maomé era virgem, que sua consciência não era contaminada, que ele era um puro canal de Deus, podemos sempre refletir a respeito... A partir do momento em que há uma linguagem, há também uma cultura, uma civilização; assim, as palavras que são transmitidas a Maomé passam através de seu inconsciente.

Muitas vezes, alguns fanáticos têm dificuldade em aceitar isso, porque o que está escrito é considerado como a palavra direta de Deus. Isso pode levantar um certo número de problemas, por exemplo: quando, no Alcorão, é dito que o homem pode bater em sua mulher, trancá-la em um armário, é realmente Deus que está falando ou é o inconsciente de um homem que pertence a uma certa época, a uma certa civilização? Propor essa questão não é blasfematório, não é questionar a inspiração divina dos profetas, é lembrar que essa inspiração divina passa através dos limites da humanidade.

Aprofundando nossa reflexão, eis nossa questão: De onde vêm as palavras das Escrituras que estão na fonte das religiões?

Uma cartografia da inteireza

Eu lhes proponho uma cartografia:

Primeiro, há o nível da *persona*. Per-sona: *através do qual o som passa*. É o nível do eu, é o que podemos adquirir por meio de leituras, é a palavra do homem racional a partir da qual, por meio de nossas reflexões, podemos construir nossa própria religião.

Em seguida, há as palavras que vêm do nosso inconsciente, o *inconsciente pessoal*, no qual estamos condicionados pela nossa infância. Às vezes há coisas que dizemos que pertencem à nossa história passada; nossa palavra é habitada por esse inconsciente.

Aprofundando um pouco mais, encontraremos o *inconsciente familiar*. O que fala através de nós não é somente o que conhecemos e aprendemos, não é o resultado de nossa tenra infância, são todas as memórias transgeracionais. Aqui pode existir uma palavra que surge vinda de nossos ancestrais. Para alguns, a religião será se conectar com a sabedoria desses ancestrais. Entretanto, estas influências nem sempre são benéficas. Às vezes, existem fantasmas destrutivos; podemos ser possuídos por espíritos de nossa própria família. É preciso ter consciência desse inconsciente familiar.

Mais profundamente ainda há um inconsciente que nos coloca em contato com os mortos. Roberto Crema chamou esse inconsciente de *simbiótico*, e creio que é uma expressão melhor do que *inconsciente parasita*, o nome que consta em nossas obras anteriores. Nem sempre somos parasitados por esses mortos que, às vezes, falam através de nós. Como conservar nossa própria identidade? Não nos deixarmos possuir por essas vozes do inconsciente, por essas vozes do passado familiar, pela presença destas entidades que, às vezes, nos povoam, nos habitam? Uma terapia bem-sucedida nesse nível é aquela que nos ensina a permanecermos livres diante destas realidades, diante de tudo o que teria tendência a nos possuir.

Quando estamos possuídos, há uma tendência da violência, que existe em nosso interior, ser dirigida e expressada sobre os outros. Somos tentados por um ponto de vista que pode ser mais vasto do que o nosso, e que vem do exterior. Como percebemos essa realidade como algo espiritual, temos muito respeito por ela, mas alguns podem fazer desse espírito um deus. É preciso muito discernimento, porque precisamos saber de onde vêm essas vozes que nos inspiram, de que plano do Ser elas vêm.

Não somos possuídos por Deus. Deus é aquilo que nos liberta. Uma boa maneira para discernirmos é, como nos diz o Evangelho, *reconhecer a árvore pelos seus frutos*. Precisamos nos perguntar se todas essas revelações que nos são feitas nos tornam mais inteligentes, mais amáveis, mais livres e talvez mais humildes.

Há, ainda, outro inconsciente a explorar, muitos outros níveis do ser que precisamos reconhecer e esclarecer, mas aqui já estamos muito longe da antropologia de Freud. Existe ainda o *inconsciente coletivo*, que é o lugar dos grandes arquétipos, das grandes imagens que estruturam uma sociedade, uma civilização.

Muitas vezes os profetas, os bons e os maus, falam através desse inconsciente coletivo. Se ouvirmos Hitler, por exemplo, percebemos que seu discurso é muito pobre do ponto de vista do conteúdo. No entanto, grandes massas o seguiram porque ele não falava à consciência de seu povo; ele falava ao seu inconsciente coletivo. Ele despertava o orgulho do povo alemão, de uma raça que gostaria de dominar as outras. É por esta razão que é importante conhecer as grandes imagens que povoam a mente coletiva. Às vezes, a pessoa pode ser manipulada, reconhecendo-se nas palavras da pessoa que expressa o inconsciente coletivo e ela pode acabar perdendo a consciência e ser arrastada pelo movimento da massa.

Um exemplo atual é o de Saddan Hussein, que toca muito o inconsciente dos mulçulmanos. Suas palavras não se dirigem à razão; dirigem-se a esse inconsciente coletivo. É muito difícil resistir a essas vozes. Perceberemos que, novamente, o nome de Deus é usado. Os nazistas alemães tinham, sobre seus cintos, a inscrição, *Deus está conosco* ("*Gott mit uns*"). Às vezes, em nome de Deus são cometidos os crimes mais atrozes. Mas que Deus? O Deus dos Profetas? Ou o Deus dos líderes políticos? Neste caso, não há relação alguma com Deus, mas com a vontade de poder de um homem, que coincide com uma vontade de poder de um povo particular, que será mais forte na medida em que este povo foi humilhado no passado. Poderíamos falar de espírito de vingança. Hoje em dia, vemos certos povos do Islã que foram oprimidos por outros povos e há essa reivindicação de poder, mas isso não é Deus, é a vontade de poder atuando no inconsciente coletivo.

Há, ainda, o *inconsciente cósmico*, no qual nos voltamos para a palavra que vem da natureza. Há seres que falam como a árvore florida, como o canto do pássaro, e não possuem uma mensagem particular para dar; eles dizem simplesmente o que é, o que aparece e o que desaparece. É a linguagem de Lao-Tsé; a linguagem do poeta que se maravilha diante da aparição do mundo, de que haja alguma coisa ao invés de nada, e que essa alguma coisa possa desaparecer de um momento para outro. Há grandes tradições espirituais que são como um eco dessa palavra que emerge do cosmos, como a seiva sobe na árvore em direção à luz.

Também existe o *inconsciente angelical*. Novamente, há muito que falar, porque existem diferentes níveis: o Anjo da Guarda, os Arcanjos, os Tronos, as Potências, os Querubins, os Serafins... todos nos lembram que, da mesma forma que existem os intermediários entre o mundo humano e o mundo mineral, vegetal ou animal, existem, entre o mundo divino e o humano, todos esses mundos intermediários.

Às vezes, nossa inteligência se une a uma inteligência maior. O Anjo é o melhor do melhor de mim mesmo; em momentos de clareza e de compreensão, minha palavra pode ser atraída por esse plano angelical. Hoje em dia, há muitas mensagens que vêm dessas regiões intermediárias. Gostaria de enfatizar que não são palavras absolutas, mas ecos do Absoluto. Cada Anjo é um eco e reflexo dessa Luz que comunica ao mundo humano.

Há, também, os Anjos sombrios. Podemos ser inspirados pelo pior do pior de nós mesmos. Há violências e desesperos que não são humanos e que nos atravessam e nos fariam cometer o pior em relação a nós mesmos e aos outros.

Finalmente, há o *inconsciente* proveniente do *Ser*, do *Self*, que chamamos de *Imago Dei*. É a palavra que vem do Centro, que liga os contrários; a palavra que vem do Arquétipo da Síntese, que faz a ligação entre o visível e o invisível, entre o tempo e a eternidade. Em alguns discursos de Cristo e de Buda percebemos a presença deste Arquétipo da Síntese, que está sendo enunciado, e que nos convida a reencontrar o Centro.

Além, há ainda o Criador do Self, a Origem, o Princípio de tudo que existe, esse que Jesus chama de Pai, a Fonte do Ser.

Ainda mais profundamente, há o *Aberto*. Mestre Eckhart observava que há uma grande diferença entre Deus e a Deidade. A noção do Criador nasce na criatura, que reconhece sua Origem na consideração de que a existência tem uma causa e que a causa de toda palavra vem desse Criador. Quando se fala da Deidade, estamos falando da origem das origens, daquilo do qual não podemos falar: o Silêncio... Aí estamos nas religiões místicas, quando não há mais nada a ser dito. Tudo que podemos dizer nos parece tão relativo que preferimos permanecer em Silêncio.

O incriado e os limites

Por conseguinte, podemos dizer que todas as palavras, todas as escrituras e todas as religiões nascem dessa fonte incriada. Para reencontrar a pessoa, neste nível essencial, devemos passar por esses níveis anteriores de inconsciente, pois todos esses níveis podem imprimir algo em suas palavras. Quando Deus nos fala, é o Silêncio que vem nos reencontrar. Outras vezes, é o inconsciente pessoal ou familiar. Assim, o Profeta pode também exprimir algo de seu inconsciente coletivo, com todos os arquétipos que o habitam.

Trata-se, então, de reconhecer a Fonte Infinita que está na origem de todas as religiões. Reconhecer, também, os limites nos quais essa Fonte Infinita se instala. Se permanecermos nessa atitude de abertura, estaremos livres de todas as formas de fanatismo, seremos capazes, nessa humildade, de acolher a palavra do outro e de não normotizar nosso ponto de vista, ou seja, não torná-lo um ponto de vista estagnado, que vai querer se impor aos outros.

Partilhar o não saber

A união entre as religiões não se faz, somente, a partir daquilo que conhecemos, pois, neste caso, haverá sempre uma tendência de cada um querer se apropriar da Origem. Quando alguém quer se apropriar de Deus, isso o conduz a jogos de dominação, pois o Deus dos judeus não é o Deus dos muçulmanos e um pode querer se impor ao outro. O que nos é lembrado, com a visão do Aberto, é que não podemos nos apropriar da Origem.

Podemos compartilhar, mais do que os nossos conhecimentos, a nossa ignorância. Nessa ignorância partilhada podemos nos ajudar uns aos outros a melhor nos conhecermos e a melhor conhecer o *Ser que nos faz ser*, que nos fez não para declararmos guerra uns aos outros, mas para aprendermos a nos conhecer e a melhor nos amarmos uns aos outros.

2
Espiritualidade transreligiosa: a teia do Amor

Roberto Crema

Agradeço ao Jean-Yves por nos lembrar, de forma tão lúcida, a importância da *douta ignorância*, este saber não saber, que pode nos vincular aos laços de uma fraternidade da Escuta, da partilha e da sinergia. Os proprietários de supostas certezas, que fazem latifúndios de suas verdades, são pessoas muito perigosas, nós bem sabemos. Esvaziar-nos diante do Aberto, este arquétipo da Grande Mãe que se encontra dentro de cada um de nós, é uma terapia essencial e uma prevenção contra os perigos da doença do fundamentalismo.

Contemplar esta cartografia sempre me evoca um poema de Fernando Pessoa:

> Multipliquei-me, para me sentir.
> Para me sentir, precisei sentir tudo.
> Transbordei, não fiz senão extravasar-me.
> Despi-me, entreguei-me,
> e há em cada canto da minha alma
> um altar a um deus diferente.

Este amplo mapa tem a virtude de abrir as janelas de nossas visões, para todos os horizontes existenciais, onde devemos introduzir altares de respeito, de consciência e de responsabilidade.

Nele, encontramos a dimensão do Absoluto, a Essência, no âmago mesmo da relatividade da existência.

Mensageiros de um novo dia

É uma sincronicidade constatar que o arquétipo que está vibrando nesta data, 6 de setembro, no mundo judaico-cristão, é o de Zacarias. Um grande profeta do Antigo Testamento que, juntamente com Isaías, é o mais citado no Novo Testamento. Sua fulgurante mensagem fala de um novo mundo, um reino messiânico e santificado, antecipando um rei justo e triunfante que cavalga um burrinho. Diferenciando-se dos que cavalgam os cavalos de guerra. O que anuncia é a paz e a beleza, a nutrição do trigo para os jovens e do vinho doce para as raparigas, antecipando, simbolicamente, a eucaristia que, séculos depois, Cristo encarnaria.

Os bons profetas, como Isaías e Zacarias, são os que se fazem porta-vozes fidedignos da própria Vida. Esvaziados de si mesmos, abrem passagem para que o Logos se expresse, a partir de todas as ocorrências entrelaçadas no grande Livro, no qual a epopeia humana se desenvolve.

O momento que atravessamos, de fato, pede uma terapia para essa normose terrível, do fundamentalismo religioso. Como disse um líder, *o fanático é uma pessoa que nunca muda de ideia e nem de assunto...* Além de ser uma chatice, é uma fonte de terror que tanto tem ferido a humanidade, sobretudo nos tempos atuais.

É típico do movimento de transição paradigmática, quando estamos transitando de um aprender a aprender já esgotado para outro inusitado, a aparição de dois fenômenos, que foi muito bem descrito no livro já citado de Pierre Weil, *Os mutantes*. De um lado, surge o estagnante: aquele que teme o desconhecido, aferrando-se às antigas verdades, resistindo ao novo e combatendo, às vezes de forma violenta e retrógrada, a emergência de um novo saber para um novo existir. Do outro lado, surge o mutante, aquele que se abre para a renovação, acolhendo a manhã que desponta e se fazendo porta-voz do novo dia.

É um telefone que toca nos trazendo notícias desse sintoma cruel, que se expressa no Iraque, no Afeganistão, no Oriente Médio, entre a Índia e o Paquistão... E que, sobretudo, transcorre no espaço interior, como sempre insistia Krishnamurti, quando afirmava que todas as guerras são projeções, maciças e ampliadas, dos conflitos que existem dentro de cada um de nós.

O movimento e a instituição

Lembro-me de uma reflexão, muito justa e sábia, de Leonardo Boff, sobre a dinâmica entre o movimento e a instituição. Toda religião surge do amor em movimento, de uma brisa fresca de consciência plena, quando um ser humano, tocado pelo numinoso, aberto na dimensão noética de sua escuta, assume a função do *pontifex*, do construtor de pontes, interligando terra e céu, fazendo-se mensageiro do Totalmente Outro. Depois vem a instituição, buscando colocar uma ordem e estrutura neste processo vivo da mística. No início, as intenções são muito boas; uma tentativa de se preservar o Dharma. No cristianismo, por exemplo, os instituidores primeiros foram os mártires e, mais tarde, os anacoretas do deserto e os que habitavam os mosteiros, que preservaram a cultura greco-romana-cristã dos vandalismos da época. Depois vêm os outros, menos heroicos, mais apegados e esquecidos.

O ego é uma força temível que jamais deve ser subestimada. Como o poder corrompe, e o poder absoluto corrompe absolutamente, nós nos deparamos com a grande contradição da instituição em amarrar o movimento, as hierarquias de dominação submeterem e silenciarem a própria inspiração. A vivência espontânea e criativa do Paráclito acaba se degenerando em estruturas rígidas de dominação egoica.

O poeta, TT Catalão, expressa muito bem essa contradição: *Deus é grátis, o guru cobra ingresso*. Faço apenas um reparo: trata-se do falso guru, naturalmente. O autêntico, como afirmava Graf-Dürckheim, segundo Leloup, *é um bom posto de gasolina onde cada um se abastece para seguir seu próprio caminho*. E não para ficar dando voltas em torno da bomba de gasolina...

A renovação perene

Quando a estrutura rígida vigora, esclerosada e dominadora, em algum momento feliz surge um novo canal do Absoluto abrindo as portas para o Sopro da Vida arejar nossas existências. Como Cristo fez na transição do judaísmo para o cristianismo e, mais tarde, Francisco de Assis. Como Buda fez, na passagem do hinduísmo para o budismo. Como o próprio Krishnamurti fez, no século XX. Num discurso inesperado, que fez desabar a imponente Ordem criada em sua homenagem, para o Advento do suposto Messias que ele encarnava, Krishnamurti afirmou que a Verdade é uma terra sem caminho, que ele não queria brincar de Mestre e não aceitava nenhum discípulo; que a Verdade não pode ser organizada e cada um tem que ser sua própria Luz.

É o retorno sempre dessa mensagem antiga, a mensagem de Buda: cada um precisa caminhar em cima dos próprios pés; os Budas apenas apontam o Caminho! É também a mensagem de Cristo: o Reino está no interior de nós mesmos.

A fonte do Numinoso

Então, a fonte de todas as religiões é a experiência do sagrado, do *mysterium tremendum*, que constela maravilha e pavor, o qual Rudolf Otto denominou de vivência numinosa, cuja manifestação Mircea Eliade chamava de *hierofania*. É a vivência da sarça ardente do deserto, da chama Pentecostal, do fogo da Kundalini.

Esse Mistério, no cristianismo denominado de Espírito Santo, é tão próximo e inacessível como um vento que sopra em nossas peles, nos arrepiando e, como Cristo dizia, nunca se sabe de onde vem nem para onde vai. É o Sopro que não vemos, tão sutil e tão concreto, aquilo que nos permite estar aqui, um salário essencial que respiramos, a quem devemos a existência, esse encontro de respirações.

Quando o Paráclito habita Lao-Tsé, ele fala chinês, sussurrando poemas ao Tao: *O Tao que se nomeia não é o verdadeiro Tao.* Quando habita Zacarias, fala hebraico, em preces sobre um Reino de Paz. Quando habita Maomé, fala árabe, numa adoração ao Deus Clemente e Misericordioso... Ele não tem uma linguagem própria, não se deixando aprisionar em esquemas previsíveis, na prisão do conhecido, na apropriação dos apegos.

Estou pensando numa mensagem de Thomas Merton[77] sobre a qual vale a pena refletir: *Conhece-se a árvore por seus frutos. Se quisermos compreender a história social e política do ser humano de hoje, estudemos o inferno.*

O inferno é estar fechado. É estar encapsulado, o oposto do Aberto. Um sistema fechado, nos limites do ego, ou um sistema aberto, centrado no Ser: eis uma escolha inevitável que teremos que sempre refazer, na lida do caminhar.

O voo da liberdade

Lembro-me de uma fábula antiga que fala de um filhote de águia que foi retirado de seu ninho e amarrado numa estaca, tendo se conformado com seu estreito destino. Vivia como uma galinha grande, botando ovos no chão, ciscando e cacarejando. Até que um dia apareceu uma águia liberta voando no céu, acima da cabeça da

---

77. MERTON, T. *Novas sementes de contemplação.* Rio de Janeiro: Fisus, 1999.

águia cativa. E a águia cativa olhava assombrada e se perguntava: *O que será este ser? É um extraterrestre? É um deus? É um anjo?*

E a águia liberta cada vez voava em círculos mais próximos, até que, em determinado momento avassalador, um momento de puro fogo, ela toca com sua asa o corpo da águia cativa. Na magia pura deste toque, ela se esquece que é cativa e se precipita céu acima, sem temer e sem pensar, arrebentando seus grilhões e a ilusão de sua prisão. Conquista, assim, seu lar do Aberto, de nuvens brancas e de montanhas altaneiras.

O poeta que nos contou essa fábula, sobre o qual perdi a referência, termina afirmando: *Por mais miserável que seja nossa sina, sabemos que existe em nós um pouco de céu. Podemos não ser capazes de quebrar as correntes, mas haverá ocasiões em que seremos tocados por asas e sentiremos vontade de subir.*

Um testemunho de real liberdade traz esta agitação, este frêmito no interior de nós mesmos. O terapeuta é aquele que nos toca, inspirando-nos a alçar voo rumo ao que somos. E a terapia das religiões inicia pelo reconhecimento de que é necessário libertar-nos do presídio estreito dos catecismos simplistas e intolerantes; de que não podemos impor ao outro nossas crenças, e nem mesmo aquilo que de melhor há em nós. Há uma arte de admirar: mirar o outro em sua alteridade, com suas diferenças que nos enriquecem, que nos complementam, com a beleza de seu voo original.

O caminho é o caminhante

Ao vir para cá, li uma placa com estes dizeres: *Jesus, único caminho.* Há algo em mim que sempre estremece quando me deparo com mensagens semelhantes. Como se houvesse um único caminho, que excluísse todos os demais. É a velha história dos eleitos, permeada de arrogância, intolerância e beligerância. Há tantos caminhos quanto o número de seres humanos existentes. O caminho é o caminhar. *Caminhante, não há estradas; apenas trilhas do vento sobre o mar*, diz o poeta Antonio Machado.

Quando confundimos o existencial com o essencial, quando *relativizamos* o absoluto e *absolutizamos* o relativo, deparamo-nos com o fundamentalismo. Não apenas o religioso. Quando predomina o materialismo racionalista, o fanático é considerado sempre a pessoa religiosa. Reparando este sintoma normótico, podemos falar de um fanatismo materialista, o cientificista e o tecnicista. Neste momento, há um grande e barulhento combate que se trava entre o fundamentalismo religioso e o fundamentalismo mercadológico. Entre terrorismo e imperialismo não haverá vencedor, já que se encontra em jogo a mesma lógica da violência e da exclusão. Vencer, neste caso, é transcender esta lógica, oferecendo a face humana da consciência, do amor e da fraternidade. E esta deveria ser a nobre tarefa religiosa, do religare, da religação, da inclusão.

Eis a única *jihad*, guerra santa: submeter o ego ao Aberto, ao Self. Este é o bom combate, que se trava na via estreita, no fio da navalha do processo evolutivo.

Cuidar da saúde

O CIT, Colégio Internacional dos Terapeutas, é esse sonho, essa utopia, que vai se encarnando em cada um de nós. É uma lembrança de que a tarefa essencial do terapeuta é a de cuidar. Na normose das especializações, achamos que o terapeuta é exclusivamente um médico, um psicólogo ou um psiquiatra. Acontece que estes profissionais podem ser terapeutas; nem sempre o são. Frequentemente são meros técnicos, tratadores da doença e não cuidadores da saúde. O texto básico do CIT, *Cuidar do Ser*, é a tradução que Jean-Yves Leloup realizou de Fílon de Alexandria, sobre a tradição hebraica dos Terapeutas que, há dois milênios, afirmava a arte de cuidar do Ser, cuidar do Aberto, daquilo que é essencialmente saudável em nós.

Na realidade, isto é um paradoxo, pois é o Ser que nos cuida. Cuidar de *despertar para o Ser*, eis a questão! Só o existencial precisa ser cuidado para que o essencial transpareça. Nesse sentido, não há desenvolvimento espiritual. Como dizia Cristo, *o espírito está pronto, a carne é fraca*. Só há desenvolvimento daquilo que nasceu e que, um dia, findará. Trata-se de desenvolver a carne do corpo, da alma e da consciência para que o incriado possa se irradiar na criação. Há o despertar para a Essência, para a Vida. A tarefa é cuidar do corpo, da alma, e abrir a inteligência noética para que a essência, que já está aí, todo tempo esteve e estará, possa se expressar, iluminando e aquecendo a existência.

O CIT aponta para a obra básica de cuidar da saúde, pois é a partir do que está saudável em nós que uma dinâmica de cura é ativada. O autêntico terapeuta é o que não se deixar enganar pelo aparente caos, fazendo aliança com a Ordem implícita. As pessoas chegam disfarçadas de doentes, de desgraçadas, pois esqueceram de sua nobreza interior. Trata-se de dizer, de alguma forma: *Você não me engana. Eu sei que você está machucado pelo seu passado. Que você apresenta sintomas, que vai precisar traduzir, interpretar e superar. Porém, você não me engana; eu sei que você é um Ser Humano, atravessado por um Sopro, pelo mistério da Vida, um filho unigênito da Grande Vida! Eu me alio com sua luz perene, com sua saúde essencial.*

Conduzir a pessoa a um estado crônico de saúde é a nobre tarefa terapêutica. Na China Antiga, por exemplo, quando a pessoa adoecia, ela deixava de pagar seus terapeutas!... Na estreiteza da Modernidade houve uma inversão; o terapeuta deixou de ser um facilitador da saúde para ser um tratador da enfermidade.

O templo da Escuta

A doença, a crise, não é um mal em si. Quando a escutamos, ela desvela sempre seu valor de orientação, de instrução. É uma mensagem advinda da inteligência organísmica profunda, que anuncia desvios e contradições. Conscientes deste fato, os antigos egípcios viam, no abutre, um pássaro sagrado. Quando estamos no deserto, e quem não está?... Diz Pessoa: *Grandes são os desertos e tudo é deserto. Salvo engano, naturalmente...* Assim, quando na travessia do deserto um abutre aparece em cima de sua cabeça, saiba que você se desviou do caminho. E o abutre aguarda a refeição... Então, é a hora de consultar os mapas e a bússola para uma reorientação urgente. Por isso, esse pássaro constava no Panteão de Rá.

E o que nós fazemos? Apenas queremos eliminar o sintoma, o mais rapidamente possível. Eu lembro da estória de um motorista que estava dirigindo seu carro quando uma mulher veio na contramão e, ao passar por ele, gritou: *Porco!* Raivoso, ele esbravejou: *Vaca!* E seguiu, contente por ter respondido à altura, apenas para atropelar um porco um quilômetro depois...

Quando escutamos o sintoma e o interpretamos, então poderemos nos reorientar, corrigindo algum componente existencial que se encontrava em sua origem. Assim, quando o sintoma é vivenciado como um aliado mensageiro, mesmo quando nos surpreende e assusta, a doença pode se transmutar num caminho de transformação.

Terapia individual, social e ambiental

Portanto, o CIT congrega terapeutas, já formados nas mais diversas escolas e competências, que desenvolveram uma visão holística e uma prática transdisciplinar, comprometidos com uma ética de respeito à inteireza do ser, na consciência de que o outro é um sujeito maior do que seus males e sofrimentos. É muito importante destacar que a saúde não é mera ausência de sintomas. Como define a própria Organização Mundial de Saúde, é um estado de bem-estar psicossomático, social, ambiental e espiritual. Todos os ofícios estão sendo convocados para o Mutirão de Saúde, no reconhecimento de que a humanidade encontra-se enferma e em rota de colisão com a natureza. Respondendo a esta necessidade, o CIT reconhece três categorias de terapeutas: a clínica, a social e a ambiental.

Além dos terapeutas clínicos, que se devotam à saúde individual, necessitamos de terapeutas sociais – educadores, empresários, políticos, sacerdotes, administradores... – e terapeutas ambientais – biólogos, arquitetos, engenheiros florestais, ecólogos, entre outros.

Quando focalizamos o drama da normose religiosa do fundamentalismo e o imperativo de uma terapia das religiões, trata-se da dimensão social da ação terapêutica. E o CIT busca colaborar neste sentido, integrando e incentivando terapeutas para este Mutirão de Cuidado, visando a saúde integral e o despertar para o *Ser*.

Como nos lembra Jean-Yves, o termo utilizado por Cristo, *soteria*, significa, ao mesmo tempo, cura e salvação. Transgredindo a normose vigente, consideramos Cristo o arquétipo do terapeuta, em sua qualidade total e suprema plenitude, que facilita uma conversão, um retorno ao nosso eixo essencial.

Esclarecer para não esclerosar

Às vezes eu escuto, confesso que um pouco cansado, alguns psicólogos afirmando que meditação não é psicologia, que o transpessoal não é psicologia. Em minha percepção, isto apenas denota pouco conhecimento acerca da psicologia e total ignorância no que diz respeito à meditação e ao fator transpessoal.

São alguns representantes notáveis da física que afirmam que não existe mais física enquanto tal; existem modelos físicos, *uma física dos físicos, uma física dos possíveis.* Existirá, então, *uma* psicologia? Muitos mal-entendidos seriam evitados se os psicólogos em questão se dessem conta e transparecessem seus pressupostos antropológicos.

Respeito, totalmente, que um reflexologista ou um behaviorista, explicitando lucidamente seu pressuposto materialista, afirmasse que meditação não é a *sua psicologia*. Ou que um analista transacional, afirmando seu pressuposto psicossomático, declarasse que o transpessoal não é a *sua* psicologia. Agora, desde que nosso pressuposto abranja a dimensão noética, do silêncio e do *imaginal*, e uma ontologia é assumida conscientemente, então a meditação e o transpessoal fazem parte da *nossa psicologia*, em sua expressão mais nobre e fundamental.

Mesmo porque bem sabemos que somente com a consciência transpessoal e a virtude conjugada do amor solidário poderemos transcender o sistema fechado da egolatria, fonte dos males e flagelos contemporâneos. Esta é uma questão muito mais vasta: trata-se de viabilizar uma estratégia para que as novas gerações possam existir com qualidade, dignidade, ética, saúde e plenitude.

Assim, nós precisamos falar da grande Psicologia, da grande Pedagogia, desses grandes educadores da humanidade, grandes líderes, como nos deram testemunho Cristo, Buda, Lao-Tsé, Rumi, Rabindranat Tagore, Francisco de Assis, Gandhi, Dom Bosco, entre tantos outros notáveis homens e mulheres. Gosto de lembrar da oração de uma grande terapeuta, Tereza d'Ávila:

Nada te inquiete. Nada te assuste. Tudo passa. Só o amor não passa. Com paciência tudo se alcança. A quem tem amor nada falta. Só o amor basta.

Substituí a palavra Deus por amor. Porque Deus é uma palavra muito gasta, infelizmente. Enquanto o amor, como Exupéry afirmava, é esse mistério que apenas temos quando partilhamos...

A Religião do Amor é um caminho que não mata, pois é feita de cura e de salvação.

Amor em movimento

Necessitamos colocar a ênfase numa espiritualidade *transreligiosa* como um instrumento de amor, de cuidado e de fraternidade, no respeito consciente a todas as tradições, já que provenientes da mesma fonte de água viva do amor incondicional. Inclui-se, também, a tradição agnóstica, ou seja, uma espiritualidade agnóstica, livre de crenças, ritos e da instituição. Lembro Krishnamurti como um ícone desta via nua do despertar.

Ou seja, nós precisamos das tradições desde que elas estejam praticando o bom e sagrado ofício do *religare*. Se as igrejas estivessem exercitando bem suas funções, nós estaríamos num mundo muito mais gentil, muito mais terno, muito mais fraterno, muito mais belo, muito mais amante. Espiritualidade é amor, é serviço em movimento. As pessoas realmente espiritualizadas são aquelas que amam e que servem, que se doam. Nem sempre são as pessoas que ostentam paramentos religiosos. Como escutei de Jean-Yves, em certa ocasião, *todos os templos, todas as mesquitas são dedos apontando para o céu*. Se você ficar olhando apenas para o templo, você perde o céu estrelado...

Ontem, uma igreja secular foi destruída pelo fogo, em Pirinópolis. Uma tragédia que doeu fundo no coração de todos os que a conheceram. Algumas horas de fogo, e nada restou. Essa igreja era um bonito ícone que apontava para o céu, esse Aberto que jamais será queimado, jamais será destruído. Não precisamos nos desesperar quando diante da destruição de ícones, quando não nos esquecemos de olhar para cima, para o Mistério Invisível, que todos os ícones visíveis apontam. O CIT é um convite para que olhemos para o céu estrelado.

3
Um compromisso transreligioso

Iradj Roberto Eghrari

A mim cabe fazer uma apresentação de como aplicar esses conceitos, tão bem apresentados por Jean-Yves e Roberto Crema, para levar isso à prática em nossa vida cotidiana. E o como podemos nos tornar terapeutas do mundo e ajudá-lo a se transformar, por meio de um processo que começa com uma decisão no interior de nós mesmos.

Antes de falar sobre o *como*, quero fazer somente um *joguinho* com o advérbio *da*, *da* terapia, *da* religião. Esse *da* pode ser tanto uma terapia que se dirige à religião, para que seja cuidada, ou pode ser a terapia da religião: como a religião vem nos auxiliar para que possamos ser cuidados e transformados.

Só que, como muito bem colocado, precisamos partir de uma terapia *para* a religião, para que nós recebamos a terapia *da* religião.

Essa terapia *para* a religião, esse direcionamento de nossas energias para que a religião possa ser renovada e transformada, exige uma percepção do que isto, de fato, significa. Considero muito oportuna a apresentação dessa cartografia, na forma de arco, que Jean-Yves nos indicou, para que possamos, a partir do Aberto, realizar nosso papel nesse processo.

Uma lua, muitos nomes

Quero fazer uma analogia que me ajuda muito a compreender esse arco cartográfico: como exemplo, tomemos a lua, que se apresenta a todos nós em momentos diversos com uma forma diferente, um grau de iluminação diferente. E a chamamos por nomes diferentes: nova, crescente, cheia, minguante. E nos tornamos, às vezes, extremamente ligados ao nome que damos a uma determinada fase da lua, esquecendo que aquele é um astro único, que se apresenta a nós em momentos diferentes, de formas diferentes, com formatos diferentes. É a mesma lua. O que mudou não foi a lua, que está lá, igual como sempre. O que muda é a posição da Terra em relação à lua. Muda minha percepção da lua, e daí eu a chamo por nomes diferentes.

Buda, Krishna, Cristo, Maomé, Baháʼu'lláh, Zoroastro, Moisés, são diferentes fases de uma mesma lua. Tomemos, como outro exemplo, o sol. É outra analogia que me ajuda a entender esse processo. O sol nasce pela manhã e eu digo que está frio. Às nove horas, digo que esquentou um pouco mais e quando ele se encontra no zênite, eu digo que está bastante quente. É o sol que mudou? Em absoluto. Mudou minha percepção do sol, meu posicionamento perante ele; como me coloco em relação aos diferentes componentes espectrais que passaram pelos filtros, componentes deste único sol, que é sempre o mesmo.

Talvez possamos fazer um compromisso, a partir dessas duas analogias, do sol e da lua, para nos tornarmos adoradores da luz e não adoradores de lâmpadas. A luz é boa, não importa através de qual lâmpada ela brilhe. Se eu me torno adorador de lâmpada, eu me perco, não conseguindo ver beleza na vela, não conseguindo ver beleza numa lâmpada fluorescente, porque eu me tornei adorador de lâmpada incandescente, ou outra qualquer, por ser mais moderna, mais bonita.

A questão prática

Então, esse é nosso desafio: conseguir fazer com que esses filtros todos não se tornem véus que nos impeçam de ver o Absoluto. Oque foi muito bem lembrado por Jean-Yves: como pode *o relativo* entender o Absoluto? Como pode o contingente abarcar o Ilimitado? Conseguiremos, no máximo, perceber algumas qualidades do Ilimitado a partir de nossa percepção limitada. Quando digo que o Absoluto é absoluto, esta já é uma concepção do limitado. Ele não é absoluto; é algo mais que o absoluto. Quando eu o chamo de Essência Incognoscível, a essência que eu não consigo conhecer, já é uma definição particularizada daquilo que é o Ilimitado. Quando eu o chamo de misericordioso, puro amor, pura luz, são todos conceitos do limitado, mas que ajudam a ter uma compreensão do que é esse conjunto, esse mosaico que forma minha percepção do divino.

É a partir dessa percepção que podemos entender que, em verdade, vivemos num mundo em que, a cada passo, esse Médico Divino nos prescreve um novo receituário. Pois cada época tem seus desafios, cada época tem suas dificuldades a serem superadas e então deve ter uma nova prescrição.

A Comunidade Bahá'í, em nível mundial, divulgou em abril de 2002 uma mensagem dirigida a todos os líderes religiosos do mundo. Também a todas as universidades e centros de estudos que se dedicam ao fenômeno da espiritualidade, da religiosidade, da busca do entendimento do Absoluto.

Os grandes desafios

Essa mensagem traz um desafio. Em verdade, ela lembra que a humanidade no século XX foi capaz de iniciar, não digo resolver, o processo da solução de três grandes desafios que enfrentou e enfrenta ainda: a desigualdade de gênero, as desigualdades raciais e as desigualdades nacionais.

Esses três grandes desafios da humanidade começaram a ser trabalhados no século XX. Hoje, nenhuma opinião socialmente responsável é capaz de defender um ponto de vista no qual homens e mulheres não sejam iguais. Nenhuma opinião responsável é capaz de dizer que cor de pele diferencia a capacidade de um ou outro. E pouco a pouco começamos a perceber, também, que diferenças de nacionalidade não são determinantes de diferenças entre seres humanos. Esses são grandes debates que atualmente se colocam frente à humanidade e que a comunidade de nações busca resolver.

Um quarto desafio, no entanto, encontra-se ainda em aberto. Compete somente àqueles que são os seguidores ou às lideranças das religiões buscarem resolvê-lo: a diferença entre as religiões.

Não serão as Nações Unidas que reunirão os Estados, a fim de decidirem como resolver o problema da dificuldade de entendimento entre as religiões. São os próprios religiosos, os próprios seguidores, os próprios adeptos. São os que se colocam no caminho da religião que precisam fazer frente a esse grande desafio, que continua em aberto. Enquanto o mesmo não for solucionado, a paz mundial é impossível.

O brado da convocação

Essa mensagem chegou aqui, na Unipaz, às mãos do professor Pierre Weil que, num rompante de energia máxima, decidiu convidar as religiões, por meio de seus representantes de todo o Brasil, para sobre ela refletirem aqui em Brasília. Todos que já haviam recebido essa mensagem, enviada pela comunidade Bahá'í, indagavam: *Bom, recebemos essa mensagem; o que nós vamos fazer? O que vai ser feito de prático? Porque se, de novo, simplesmente nos sentarmos para tirar uma bela fotografia de todos juntos, dizendo que somos unidos, isso não resolverá o problema que vem se estendendo ao longo dos séculos.*

O que deve ser feito é levar esse passo agora para aqueles que são os que trilham o caminho, os que estão parando no posto de gasolina, colocando seu combustível e seguindo seu caminho, se ficarem girando em torno do posto. Achei essa analogia maravilhosa. Passarei a me utilizar dela, a partir de agora. Nós estamos, em verdade, em busca dessa gasolina. Onde está esse combustível que é capaz de movimentar nossos motores e nos colocar em marcha?

Seguiu-se a isso uma ideia. O que nós podemos fazer? Como podemos colocar essa percepção de que há um desafio a vencer, que é o desafio de promover harmonia entre as religiões. A percepção de que todas elas são as fases dessa lua. E aqui não pode entrar nenhum conceito de que lua cheia é mais plena do que a nova. A nova é tão importante quanto a cheia, cumprindo um outro papel nas marés, que só ela pode cumprir. Eu preciso tanto da lua nova quanto da cheia. Então, o grau do disco iluminado não significa nenhuma qualidade adicional, nenhuma superioridade de um ou de outro.

O mesmo ocorre com o sol. O sol nascente, o sol poente...O sol não poderia estar no zênite, de imediato, porque toda a criação pereceria. Nós precisamos dessa gradação.

Didática da dosificação

Abro espaço para uma outra analogia, que me ajuda a entender esse processo. É a analogia da escola. Temos os grandes luminares, os grandes manifestantes divinos, os grandes mensageiros de Deus, os grandes profetas, como professores de uma escola, que a cada série acrescentam um novo conhecimento aos alunos. Imaginemos um pobre aluno que chega no sexto ano e fala: *Meu professor do quinto ano não sabia nada de matemática! Coitado! Era um verdadeiro ignorante! Porque quando eu fiz uma conta de 3 - 4, ele disse que isso era impossível. Agora, meu professor do sexto ano mostra que é possível: existem os números negativos que aquele bocó não conhecia! Ele foi incapaz de me ensinar.*

Este aluno não está levando em consideração que o professor do quinto ano tinha, sim, todo um conhecimento, que ele adequou ao seu nível de capacidade de compreensão. Ele usou um desses níveis como filtro: *Ensino para você até este ponto; não mais!* Tenho muito ainda a lhe dizer; porém agora você não pode suportar. Não é esta a mensagem de Jesus?: *Quando chegar o Espírito da Verdade, Ele haverá de vos guiar por toda a Verdade.* Então, é uma didática de gradação, uma estratégia de complementação no tempo oportuno.

Das palavras às ações!

É essa visão que levou o grupo, que foi convidado pelo professor Pierre, a pensar em como colocar nessa ação uma estratégia que fosse capaz de unir a todos. Fazer a terapia da religião, ou seja, para a religião, para que ela estivesse livre desse ranço das diferenças e viesse, então, para nos socorrer. Nesse sentido, a religião poderia se tornar, efetivamente, uma terapia para todos nós.

Foi assim que surgiu a ideia do *compromisso transreligioso:*

> Considerando-se que, desde o 1o Parlamento Mundial das Religiões, em 1993, inúmeras associações inter-religiosas foram criadas e encontros inter-religiosos realizados.
>
> Considerando-se que, em todos esses encontros, ficou o entendimento e uma comunhão de pensamentos e de corações em torno dos ideais de sabedoria, amor, compaixão e caráter sagrado do Universo e de tudo o que ele contém.
>
> Considerando-se que essas reuniões estão, até hoje, limitadas aos dirigentes ou representantes das tradições religiosas e espirituais.
>
> Considerando-se a necessidade urgente que as decisões decorrentes dessas reuniões sejam transmitidas a todos os fiéis e seguidores e assim colocadas em ação.

Considerando-se a importância premente de transmitir esse espírito de respeito e comunhão transreligiosa a todos os fiéis e seguidores das tradições religiosas e espirituais.

Considerando-se a importância de que os fiéis e seguidores de cada uma das tradições religiosas e espirituais conheçam a essência das outras tradições.

E, por fim, considerando-se a necessidade da criação de uma cultura de inter e transreligiosidade.

Assim, os signatários desse compromisso se colocam diante da proposta de uma série de ações, que são as seguintes:

Observar a presente recomendação de divulgação eficiente junto a todos os fiéis e seguidores em todos os meios religiosos e espirituais dos princípios essenciais, assim como dos principais entendimentos entre as religiões, e de sua posição frente aos conflitos existentes no mundo.

Para isso, firmamos um compromisso de que esse documento seja afixado no espaço de casas de oração, igrejas, mesquitas, sinagogas, templos e terreiros, enfim, todos os espaços religiosos.

É você, é aqui, é agora!

Então, termino com o *pulo do gato*, que é esse documento. Ele não traz nada de novo que já não tenha sido acordado e decidido entre as lideranças religiosas. Se qualquer um quiser seguir esse compromisso, não tem que pedir autorização ao seu superior religioso. Esse texto é uma colagem de três grandes escritos, que todas as religiões no mundo já aprovaram.

O primeiro é a Declaração de Barcelona, de dezembro de 1994, derivada de uma reunião convocada pela Unesco, que gerou uma compreensão de entendimento inter-religioso assinado, literalmente, pelos representantes de todas as religiões lá presentes.

O segundo é uma Declaração de Assis, de janeiro de 2002, convocada pelo Papa João Paulo II, atendida por todas as grandes, pequenas e médias religiões, que se fizeram presentes assinando esse documento.

Por fim, uma declaração unânime do Congresso Mundial para Preservação da Diversidade Religiosa.

A ideia é que promovamos com esse documento, com a colaboração da Unipaz, a seguinte mensagem: *Sigamos essa orientação.*

Assim, estaremos não somente cuidando terapeuticamente da religião e extraindo dela seu melhor, como também, nos tornaremos instrumentos para fazer operar essa espiritualidade através de nossas vidas.

É interessante registrar que, recentemente, aconteceu um encontro internacional, da URI, no Rio de Janeiro. Esse evento congregou cerca de duzentos representantes de praticamente todas as tradições religiosas, do mundo inteiro, quando esse documento foi aceito e aplaudido.

Compromisso transreligioso

Devemos estar em paz conosco mesmos. Devemos nos esforçar para alcançar a paz interior a partir da reflexão pessoal e do crescimento espiritual. E de cultivar uma espiritualidade que se manifeste na ação.

Nossas comunidades de fé têm a responsabilidade de encorajar uma conduta adotada de sabedoria e compaixão, do ato de compartilhar e da caridade, solidariedade e amor, inspirando a cada um, sem distinção, para escolher o caminho da liberdade e da responsabilidade. As religiões devem ser uma fonte de energia que seja de auxílio.

Nós promoveremos o diálogo e a harmonia entre e dentre as religiões, reconhecendo e respeitando a busca da verdade, da sabedoria, que se encontra fora da nossa religião.

Estabeleceremos um diálogo com todos, esforçando-nos por uma camaradagem sincera nessa nossa peregrinação terrena.

Nós assumimos a tarefa de dialogar com sinceridade e paciência, não considerando o que nos diferencia como um muro intransponível, mas, pelo contrário, reconhecendo que o confronto com a diversidade do outro pode se tornar ocasião para uma melhor e recíproca compreensão.

Nós nos comprometemos em proclamar nossa firme convicção de que a violência e o terrorismo contrastam com o autêntico espírito religioso e, condenando todo recurso à violência e à guerra em nome de Deus e da religião, nos comprometemos a fazer o que for possível para erradicar as causas do terrorismo.

Todos os presentes assumem a tarefa de educar as pessoas no respeito e estima mútua, a fim de que se possa realizar uma convivência pacífica e solidária entre os membros de etnias, culturas e religiões diferentes.

Nós nos comprometemos a nos perdoarmos, uns aos outros, dos erros e preconceitos no passado e no presente e a nos apoiarmos no comum esforço para derrotar o egoísmo e a violência, o ódio e a vingança e para aprender, do passado, que a paz sem justiça não é a verdadeira paz.

Apelamos aos seguidores de todas as tradições religiosas, e à comunidade humana como um todo, para cooperarem na condução de sociedades pacíficas e buscarem a compreensão mútua por meio do diálogo onde haja diferenças, evitar a violência, praticar a compaixão, defender a dignidade de toda vida.

Já subscreveram essa declaração representantes do Budismo, Confucionismo, Cristianismo, Fé Bahá'i, Hinduísmo, Igreja da Unificação, Islamismo, Judaísmo, Siquismo, Taoísmo e Xintoísmo.

4
Mãos à obra!

Pierre Weil

Chegou a hora de definirmos melhor como a terapia das religiões, já que é esse termo que adotamos, pode ser exercida na prática. Pelo que ouvi, até agora, de Jean-Yves, de Roberto Crema e de Iradj Roberto, podemos considerar que todo terapeuta, na realidade, é alguém que *religa* de alguma forma. Um psicanalista, por exemplo, religa o superego, a nossa educação introjetada, aos nossos instintos, criando um administrador que se chama ego. Num certo sentido aproximativo, este processo é um *religare*.

Jean-Yves, identificando os diferentes inconscientes, esclareceu o fato de que essa leitura nos leva a uma visão de discernimento em relação ao relativo e ao que chamamos de Absoluto.

Então, há uma primeira visão da terapia religiosa, de uma intervenção individual feita por terapeutas, mais ou menos convencionais. Entretanto, se o terapeuta tiver uma formação transpessoal, além de sua formação terapêutica na área do ego, maior será a competência com a qual ele trabalhará.

Assim, identificamos uma primeira intervenção terapêutica no nível da ecologia individual. Corresponde à categoria de terapeutas clínicos, no CIT. Em seguida, há uma terapia mais ampla, no nível da ecologia social, no qual Roberto Crema localizou, dominantemente, a terapia das religiões.

Realmente, temos muito que fazer nesse campo. Iradj Roberto apontou para esta dimensão, citando a criação do Parlamento Mundial das Religiões, onde se dialoga muito e se tomam decisões, afirmando recomendações. Esse movimento continua até hoje.

Espaço de encontro

Na Unipaz, criamos um grande espaço de encontro inter-religioso. Já fizemos vários encontros inter-religiosos, aqui em Brasília e em outros lugares, em eventos mais específicos e em grandes colóquios e congressos, nacionais e internacionais, como o do Rio de Janeiro, que foi mencionado.

Nesses encontros, observamos o seguinte: primeiro, uma grande facilidade dos líderes religiosos de se entenderem. Segundo, essas reuniões são, em geral, limitadas aos líderes religiosos e o movimento não é transmitido, salvo honrosas exceções, às comunidades religiosas. Diante dessa realidade é que tem importância a carta da comunidade Bahá'í, para todos os líderes religiosos do mundo. Ela recoloca em questão o papel da religião diante dos grandes problemas da humanidade, buscando superar uma certa paralisação diante dos processos de mudança rumo a uma consciência integrativa. Assim é que foi colocado em ação esse movimento inter-religioso para que possa colocar uma dinâmica efetiva e geradora de bons frutos.

Estas iniciativas e eventos já tiveram a qualidade de uma operação terapêutica. Constituíram, já, uma intervenção terapêutica quando ainda não tínhamos formulado esse conceito de terapia da normose religiosa.

Conseguir que a essência dessas grandes declarações, que são lúcidas, belas e urgentes, na forma desse documento sintético, seja emoldurada e colocada em todos os templos, todas as mesquitas, todas as sinagogas, todas as igrejas e centros, para que todas as comunidades tenham acesso à mesma, é um grande feito.

Faço um forte apelo para que os líderes religiosos, que têm influência em sua tradição religiosa, divulguem esse documento em seus meios de irradiação.

Vamos colocar isso em ação, porque é uma decisão dos representantes de mais de duzentas religiões do mundo inteiro que estavam no encontro no Rio de Janeiro.

Essa é uma forma importante de intervenção terapêutica coletiva a partir de encontros entre representantes das religiões.

A questão territorial

Uma segunda forma, segundo meu ponto de vista, na qual começamos a ter certa prática, é a intervenção consciente de organismos neutros, como a Unipaz, que foram criados, em grande parte, para realizar essas interferências, provocando encontros sobre pontos específicos de conflitos entre religiões. Um dos maiores conflitos na atualidade é o do Oriente Médio. Em sua base, além das questões políticas e étnicas, encontra-se a questão territorial. São conflitos religiosos por causa de territórios.

Há um trabalho de André Chouraqui, grande hermeneuta e sábio teólogo judeu de Israel, que foi vice-prefeito de Jerusalém, realizado juntamente com um grande líder árabe do Marrocos, do Islã, em que é proposto um encontro inter-religioso entre representantes do Islã, do Judaísmo e do Catolicismo, para discutir o problema específico de Jerusalém. Nesse documento é demonstrado que isso nunca foi feito; só têm ocorrido encontros muito bonitos, que sempre acabam bem. E o conflito continua...

Assim, propusemos a Chouraqui que a Unipaz assumisse o encargo de organizar isso, aqui em Brasília. O Brasil é equidistante e somos um exemplo para o mundo no entendimento e convivência entre as diversas etnias e, sobretudo, no respeito e tolerância em relação às diferentes religiões, que convivem pacificamente em nosso país.

Por ocasião do evento internacional que realizamos em Brasília, *Paz no Planeta*, em 2001, convocamos este encontro de líderes religiosos. Entretanto, uma operação dessa custa muito dinheiro e não conseguimos concretizá-la. O que logramos, pela primeira vez na história da humanidade, foi que um xeique do Islã e um rabino de Israel se reunissem para proporem uma solução sobre as colinas que dominam Jerusalém. Eles chegaram a um acordo e enviaram uma mensagem para divulgarmos neste encontro, *Paz no Planeta*. Esse acordo foi traduzido e vocês podem encontrá-lo na revista *Meta*[78]. É o primeiro pequeno sucesso, uma discreta operação de intervenção terapêutica direta, num conflito específico e particular.

Em nossas mãos

Encontra-se nas mãos de cada um de nós a responsabilidade de colaborar nesta nobre tarefa, neste imprescindível cuidado. Nesse sentido, é muito precioso esse conceito de terapia das religiões.

A partir destas definições e clarificações iniciais sobre a normose religiosa, necessitamos desenvolver mais profundamente a questão de seu diagnóstico, prognóstico, para que uma estratégia terapêutica seja colocada em prática, de forma mais lúcida e efetiva.

Também é importante constatar a necessidade dos terapeutas que queiram estar preparados para os desafios de nosso século; que façam uma formação em abordagem transpessoal, bem como nessa área emergente de terapia religiosa.

---

78. *Meta* – Revista Holística Transdisciplinar, n. 4, ano 3, 2001.

5
Dançar o amor

Frei Vitório Mazzuco, OFM

Convocado a falar, eu me sinto em casa. Pretendo fazer três colocações. Eu sou filho de Francisco de Assis, que não é mais um patrimônio apenas dos frades e nem só do cristianismo católico. Como evidência desta afirmação, compartilho a lembrança de um episódio, ocorrido em 1988, quando eu morava na Itália. Nesta ocasião, junto ao governo italiano, estava sendo empossado o novo embaixador da União Soviética. No rápido curso da história, em 1988 ainda existia a União da República Socialista Soviética.

Após a cerimônia de passagem, no Palácio Quirinale, quando o embaixador apresentou ao governo italiano suas credenciais, foi-lhe oferecido um jantar e, no dia seguinte, uma visita guiada à cidade de Roma. O embaixador aceitou este protocolo, visitando a Roma dos Césares, a Roma dos Papas e a Roma Moderna. No terceiro dia, foi-lhe oferecido a possibilidade de encontrar-se com o Papa João Paulo II. E ele, de forma gentil e diplomática, recusou o convite, dizendo que agradecia, mas que o governo da União Soviética não tinha relações diplomáticas com o Estado do Vaticano.

Dois dias depois, o jornalista Domenico Del Rio, do jornal *La Repubblica*, encontrou esse embaixador na cidade de Assis. Acompanhado por seu segurança e por sua esposa, ele caminhava pelas ruas de Assis. Domenico Del Rio, com sua perspicácia de jornalista, perguntou à queima-roupa ao embaixador russo: *Por que o senhor, estando em Roma, centro do governo italiano, vindo morar na Itália, não aceitou visitar o Vaticano e agora eu o surpreendo aqui nas ruas de Assis?*

O embaixador russo respondeu, com toda calma: *Se eu venho à Itália, se venho a Roma e me encontro com o Papa, no Vaticano, eu visito apenas o mundo cristão católico. Quando eu visito Assis, eu visito a humanidade.*

Francisco, uma porta aberta

O que acontece nesse nosso evento é exatamente isso: o encontro de pessoas que se unem profundamente no amor, resgatando e recuperando o humano. Essa é a proposta de Francisco, um homem apaixonado; somente os apaixonados são criadores e criativos. E somente os apaixonados são capazes de se aproximar profundamente da vida em sua totalidade.

Francisco de Assis atualmente escapou até de nosso patrimônio franciscano. Ele pertence ao mundo, à vida. Ele é um santo, não porque foi canonizado; é um santo porque foi uma grande alma. E ser santo é ser uma grande pessoa. Esse é um aspecto muito importante e eu me sinto muito feliz de estar dividindo isso com vocês.

No que se refere a uma terapia das religiões, eu vivi muito essa experiência, primeiro pelo fato de ser franciscano. Eu tenho uma porta de entrada em todos os mundos religiosos porque Francisco tem o menor índice de rejeição de toda a história; ele tem um bilhete de entrada em todas as culturas.

Ele consegue entrar tanto no Oriente quanto no Ocidente. Eis uma outra história ilustrativa: em 1219, em Damieta, no Egito, estavam em confronto dois grandes exércitos: o muçulmano, comandado pelo sultão Melek-el Kamel, e o exército cristão, comandado pelos reis de Leão e Castela. Também estava presente o representante do Papa, chamado Pelagro Galvan, um prelado vindo da Península Ibérica, da região que hoje corresponde a Portugal. Eles estavam ali para um dos grandes combates, pela quinta Cruzada. De um lado o Islã, do outro lado a Cruzada. Ambos motivados por um belo nome, Guerra Santa.

Francisco chegou neste campo de batalha, descalço, com três companheiros. Pediu para ir para o outro lado. O exército cristão não permitiu. Diante de sua insistência, acabaram aceitando como que dizendo: *Já que ele quer ser um mártir, um suicida, libere-o!* Ultrapassou as colunas muçulmanas, colocando-se em frente dos soldados, afirmando: *Eu sou um cristão e quero falar como seu chefe, seu sultão.*

Os soldados, mesmo percebendo aquela loucura, encantam-se com a simplicidade desarmada daquele homem, que não vinha com lança, nem com escudo; apenas vestido de camponês, com uma coragem tranquila, mesmo tendo passado para o lado do adversário. Melek-el Kamel o recebeu em sua tenda. Francisco, diante dele, diz: *Eu vim falar para você do que eu acredito, do evangelho do Deus de Nosso Senhor Jesus Cristo.* E conversou longamente com o sultão, que o escutou atenciosamente. Nesta hora ele não é simplesmente, como os cronistas do século XII e XIII o descrevem, um animal cruel. O sultão é um líder religioso. Ele é líder religioso de um povo monoteísta, que tem a mesma estrutura teológica do cristianismo, que tem a mesma estrutura teológica do judaísmo e das grandes religiões.

E o sultão ouve e depois o manda de volta, pedindo: *Reze para o seu Deus para que dê ao meu espírito a sabedoria que for melhor.* E Francisco volta vivo e tranquilo para o outro lado.

Os laços do coração

Este significativo episódio ilustra, exatamente, as afirmações de Pierre Weil. Não houve a violência da guerra. Houve o encontro daquilo que a humanidade tem de mais bonito: o espírito comum. Não são os laços econômicos que unem a humanidade, nós sabemos disso. Não são os laços políticos que unem o grupo humano, nós sabemos disso. O Brasil celebrou, ainda há pouco, 500 anos de colonização. Politicamente ainda nem nascemos, nem fomos descobertos. São os laços afetivos que unem um grupo humano.

Pode haver a inveja, o ciúme, a competição. Apesar disso, o que une um grupo humano? O espírito comum. Isto Francisco e Melek-el Kamel realizaram: dialogar sobre o que a humanidade tem de mais fecundo, a partir da interioridade, da profundidade do humano, daquilo que creem.

Porque o ser humano, quando é profundamente humano, é aí que encarna o divino. Por isso que todos esses sinais dados por xeiques, por rabinos, por sacerdotes, por pastores, indicam que a solução no Oriente Médio existirá, na hora em que eles tiverem a coragem de se encontrarem, cada um falando daquilo que está na profundidade de seu coração, ao invés de brigarem pelas montanhas de Golan e pelos lugares estratégicos da Faixa de Gaza.

Outro aspecto que eu quero lembrar e que considero muito importante, na proposta da terapia das religiões, ocorreu em 1989, quando eu estava morando, por alguns meses, em Assis. Assis é mais do que uma cidade; é um estado de espírito; é mais do que um lugar; é o lugar de todos os encontros, é a cidade da Paz.

Na leveza da dança

Por morar em lugar tão especial, eu comecei a visitar a cidade em vários momentos: de madrugada, à tarde, ao meio-dia, à noite, para sentir seu fascinante mistério. Um dia, levantei de madrugada e encontrei uma jovem, do Paquistão, que estava sozinha, dançando na praça de Assis. Ela seguia um segmento popular da religiosidade muçulmana, com forte influência dos dervixes. Então, ela realizava aquilo que é uma tradição para o povo do interior de São Paulo, de onde venho: a dança de São Gonçalo. Tem uma música do Pena

Branca, o fiel escudeiro e companheiro do saudoso Xavantinho, que diz: *Os santos querem que eu reze, São Gonçalo quer que eu dance!*

Ela dançava a dança dos dervixes, que é girar em círculo, tendo as mãos numa posição como uma concha aberta para colher a energia divina e trazê-la para a Terra. Guardei para sempre o nome desta paquistanesa, Merril Parakaratarambil. Perguntei-lhe: *O que você está fazendo?* Surpreendentemente, ela respondeu: *Estou orando, estou rezando.* Tornei a perguntar: *Para quem?* Porque ela estava com os trajes em cor laranja, num estado de muita beleza, de muita serenidade. Ela disse: *Eu estou rezando para Francisco.* Eu indaguei: *Por quê?* Ela disse: *Porque eu aprendi com os dervixes, eu aprendi com a minha religião.*

Identifiquei-me e seguimos conversando. Ela disse que a religião é como uma dança. Que a filosofia que ela postulava era que, para dançar, necessitamos dar um passo. Para dar um passo, precisamos amar profundamente o chão onde pisamos; conhecê--lo profundamente. E, ao mesmo tempo, não ficar preso ao chão; senão, não haverá nem passo e nem dança. Disse, finalmente, que rezava para Francisco porque ele tinha lhe ensinado a viver a vida um pouco de pernas para o ar, na leveza da dança...

Então nesses encontros eu fui aprendendo, com as diversas culturas, o que é esse caminho da terapia das religiões.

Encerro contando mais um fato. Realizei alguns retiros no Monte Alverne, na região da Toscana, onde Francisco vivenciou os estigmas. Lá, encontrei um monge budista. Quando perguntei seu nome, ele respondeu: *Eu não tenho nome. Chamamos este lugar de encontro. Eu quero que você me chame Francisco.*

O serafim do Amor

Há boas fontes franciscanas que dizem que, de repente, Deus tocou profundamente Francisco. Ele é um imitador perfeito dos caminhos do Senhor Jesus e quem é marcado pelos dedos terríveis deste amor, é impossível que não traga essas marcas em seu corpo. Teologicamente, espiritualmente, dizemos que realmente o anjo, o serafim alado, veio e marcou seu corpo com aquelas chagas do Amado. E, para sempre, o amor tomou forma num corpo. Porque o amor estava em seu coração. O que está no coração toma conta do corpo, da história, da vida e deixa marcas profundas.

As pessoas que se amam verdadeiramente vão ficando iguais, não é verdade? Às vezes observamos que nossos pais, quanto mais velhos ficam, mais vão se assemelhando fisicamente. Naquele retiro, queria entender o que significavam as chagas de Francisco. O monge me respondeu que, pela sua cultura oriental, ele entendia que todas as nossas energias, nosso potencial de amor, nossa fonte do amor, brotam não de fora para dentro, mas de dentro para fora. Ele disse que Francisco explodiu em sua grande capacidade de amar. Seu coração se fez como um Sagrado Coração. O coração de quem ama muito faz assim: *Pluf!* Salta para fora. E o coração dele saltou nas chagas, nos estigmas. Enraizado naquela terra, naquele chão que ele pisava e conhecia, seus pés ficaram marcados com as chagas do Amor. A concretude do Amor estava em suas mãos, em seus pés. São nas extremidades mais vitais que rolam as maiores energias. E foi aí que o amor saltou para fora na vida de Francisco.

Penso que, quando nós amamos profundamente, todas as experiências humanas e religiosas nos marcam com as marcas profundas do amor. Quem dá seu coração, recebe corações. Isso eu aprendi com Francisco, com o cristianismo e, também, com o budismo. Eu tenho um mestre taoísta, Chuang Tzu. Eu o leio com a mesma paixão com que leio o Evangelho, com a mesma paixão que leio as *Fontes Franciscanas*.

Nós realizamos, em Presidente Prudente, o Primeiro Congresso Nacional do Amor. Nele, tivemos uma sintonia muito grande com o Crema. Buscamos responder ao grito de Francisco de que o Amor não é amado. Durante três dias, nesse congresso, procuramos demonstrar que o Amor é amado. Tanto é amado que estamos aqui, neste encontro, também convocados pelo Amor.

PERGUNTAS E PARTILHAS

1 Sobre gratidão e oferta de dádivas

Meu nome é Heloisa. Sou filha de uma mãe-coragem, que ficou viúva com 48 anos e me ensinou a agradecer.

No ano de 2000 eu fui batizada pelo Jean-Yves Leloup na cachoeira da Unipaz, e senti uma emoção incrível. Naquele momento eu estava decidindo se ia tratar do vírus de hepatite C, do qual tinha acabado de descobrir que era portadora.

No ano passado, eu fiz o retiro com Jean-Yves e me comprometi a escrever minha obra-prima, da Formação Holística de Base, sobre o vírus da hepatite C, na qual busco esclarecer e divulgar informações pertinentes sobre essa doença.

No ano passado, Regina Fittipaldi me encaminhou um óleo de amêndoa, que foi usado numa celebração eucarística. Esse óleo tem cheiro de rosa branca e me emociona muito. No decorrer do meu tratamento fiz massagem linfática, acupuntura e usava esse óleo. Agora, quero doá-lo para uma amiga, que necessita muito de ajuda. Também quero doar minha obra-prima para o Jean-Yves, encerrando esta minha etapa na Unipaz. Temos que desdobrar o amor. O amor é incondicional. Muito obrigada.

2 Sobre um processo de integração

Há dois anos, tive uma experiência do numinoso em uma seita religiosa, que faz uso da Ayuaska, uma planta psicoativa que nos leva ao mergulho em vários níveis do inconsciente. Nesta época, com 21 anos, entreguei-me a esta experiência e me deparei com muitos monstros dentro de mim, em minha família, e também com muitos deuses.

O grande entrave que encontrei foi a normose, que agora compreendo, de cada um de nós naquela experiência.

Em nome de um mestre, os líderes se eximiam de suas responsabilidades pelo processo de cada um. Isto foi me levando ao fanatismo. Com muito desespero e tensão por entrar em contato com tantos seres dentro de mim, tive ajuda de um grande e fiel amigo, meu anjo pessoal.

Desejei, sinceramente, que tivesse alguém ou algum lugar que pudesse me explicar o que eu vivenciava ou, ao menos, acolher meu desespero. Foi quando o destino me trouxe à Unipaz, onde iniciei a Formação Holística de Base e pude compreender, passo a passo, o significado deste mergulho.

Hoje, com muita emoção e amor, quero deixar registrado, no universo, minha gratidão por estar em uma casa que me permitiu integrar esta experiência tão fundamental em minha vida.

3 Sobre a importância do transpessoal

Não seria o caso de convocar as faculdades de Psicologia para que incluíssem, em seus currículos, a abordagem transpessoal?

Pierre Weil

Só posso responder positivamente, com todo o entusiasmo, à sua proposta. Este ideal é meu e não tenho economizado esforços em apoiar toda iniciativa, neste sentido.

Tive a oportunidade de ser membro do primeiro grupo que redigiu o anteprojeto da lei, que criou a profissão de psicologia, no Brasil. Os obstáculos foram inúmeros, sobretudo por parte dos médicos e de seus conselhos. Hoje me parece existir uma situação análoga em relação a alguns conselhos de psicologia.

Parece-me que, uma vez demonstrada a efetividade da existência de cátedras de psicologia transpessoal em universidades do Brasil e do mundo, resta aos conselhos se submeterem a esta realidade, já que são constituídos para legislar de acordo, e não contrariamente, às decisões e posturas universitárias.

Há alguns anos, escrevi para o Conselho Federal de Psicologia um longo parecer, que publiquei em um dos meus livros, *Mudança de sentido e sentido da mudança*. Considero que o maior obstáculo é a normose do paraíso perdido e a do cientificismo, que ainda domina grande parte de nossas academias.

Entretanto, muitas iniciativas já foram tomadas, tornando este fato do reconhecimento algo irreversível. A cátedra que eu criei, na Universidade Federal de Minas Gerais, de psicologia transpessoal, continua atuante no curso de formação de psicólogos. Há muitas teses de mestrado e doutoramento, como o da Vera Saldanha, na Unicamp. Este é um empenho da própria Associação Luso-Brasileira de Psicologia Transpessoal, que está trabalhando neste sentido. Inclusive, convocando conselhos regionais de psicologia para uma reflexão científica, lúcida e aberta, para que seja reconhecida e introduzida a abordagem transpessoal em todos os cursos de psicologia das universidades.

4 Sobre hermenêutica e a arte do Encontro

Jean-Yves citou um exemplo de uma passagem do Alcorão, em que houve a manifestação da humanidade do Profeta quanto ao relacionamento com as mulheres. Você pode fazer o mesmo, em relação aos evangelistas do Novo Testamento?

Jean-Yves Leloup

Toda palavra, seja do Evangelho ou do Alcorão, é suscetível a uma interpretação. *O Terapeuta é um hermeneuta*. Há uma maneira de interpretar as Escrituras que pode ser destrutiva e mortífera. Por outro lado, existem interpretações que dão sentido à vida.

Quando me pediram para ir a Jerusalém para entrar em contato com movimentos extremistas muçulmanos, judeus e cristãos, que ainda estavam no espírito das cruzadas querendo retomar o poder, tomei consciência de que um dos elementos importantes de uma terapia das religiões é a arte da interpretação.

Vou dar três exemplos, iniciando pelo Alcorão, que foi citado. Eis a referência exata: versículo 4:34.

Diz o seguinte: *Os homens têm autoridade sobre as mulheres pelo que Deus os fez superiores a elas... Aquelas de quem temeis a rebelião exortai-as, bani-as de vossa cama e batei nelas...* Se eu tomar essas palavras no sentido literal, essa seria uma autorização para agredir as mulheres. Vocês compreendem as consequências que isso pode ter, não somente na guerra entre as religiões? Essas palavras podem desencadear uma guerra no coração das famílias, entre os sexos. Existe uma outra interpretação desse versículo, que se encontra na tradição Sufi: Não se trata de bater em sua mulher exterior, mas de trabalhar o seu feminino interior, como se *bate* a farinha para fazer pão.

Neste sentido espiritual, as palavras do Profeta não são um convite à violência, mas um convite à integração da dimensão feminina, o que demanda um trabalho sobre nós mesmos. É preciso trabalhar a farinha, o nosso imaginário, as nossas dimensões intuitivas, para que todas as intuições, toda essa contemplação interior possam dar origem a uma ação justa.

A *guerra santa* também não se refere à violência contra os inimigos da nossa fé ou contra os que rezam de maneira diferente. Trata-se de entrar no combate interior contra a infidelidade que está em nós, a desonestidade, o egocentrismo. Os místicos muçulmanos afirmam que essa é a grande e verdadeira guerra santa.

Cada palavra do Alcorão, como cada palavra do Evangelho, ao ser interpretada num nível grosseiro, pode ter consequências perigosas e destruidoras. Há um nível espiritual que precisa ser desvelado numa hermenêutica mais sábia e sutil.

O mesmo pode ser dito dos extremistas judeus, com os quais eu travei contato e que afirmavam ser o povo escolhido. O que quer dizer ser escolhido? A tradição da Kabala nos dita que, se Israel é eleito, não é por ser o mais santo e o mais espiritual dos povos. Lembremo-nos dos povos do Egito e da Babilônia, que eram grandes culturas espirituais. Um rabino me afirmou: *Se nós somos eleitos, isso quer dizer que todos os povos são eleitos. Não somos eleitos por nossa causa exclusivamente, somos eleitos para os outros.*

É a mesma mensagem de Paulo: *Cristo veio ao mundo para salvar os pecadores, dos quais eu sou o primeiro.* Paulo afirmava que, se Deus o tinha elegido, a ele, um criminoso que perseguia os cristãos, com maior razão todos estariam eleitos.

Há muitas passagens das Escrituras que podem ser interpretadas dessa forma. Na passagem do Evangelho onde Jesus afirma: *Ouvistes o que foi dito: Amarás o teu próximo e odiarás o teu inimigo. Eu, porém, vos digo: amai os vossos inimigos e orai pelos que vos perseguem.* De novo, Jesus pega uma palavra da Escritura e a leva mais longe, transcendendo uma normose de estagnação e estreiteza.

Se amar os amigos é natural, algo lindo e árduo, trata-se de ir mais fundo, amar os inimigos. Isso não é natural, é preciso a ajuda do Espírito Santo. O único sinal da presença do Espírito Santo em nós é ser capaz de amar os inimigos. O inimigo não é apenas o inimigo externo; é também nossa sombra interna.

Isso me lembra uma história de Francisco de Assis, em sua famosa passagem com o lobo. A cidade estava sendo dilacerada por um lobo tido como feroz e todos estavam com muito medo. Chega Francisco e diz que vai cuidar do lobo. Estranhamente, ele prepara uma gamela de alimento e fala para o animal: *Meu irmão lobo, você tem sido tão ruim por estar com fome. Agora te darei de comer; então me prometa deixar esses homens e mulheres em paz.* A história diz que o lobo se tornou completamente pacífico.

Devemos cuidar do nosso lobo interior, dar alimento, respeitar o que nos dá medo. Não ter medo de ter medo. Se reconhecermos essa sombra em nós mesmos, se a aceitarmos, ela será muito menos perigosa e vamos parar de projetá-la nos outros.

Roberto Crema

Fico grato por Jean-Yves estar nos lembrando essa parábola do lobo, porque nos possibilita atualizá-la em nosso encontro. É o que traduzo, primeiro apontando para o óbvio, a questão do sofrimento, sobre o qual estamos refletindo: quando irmãos se matam mutuamente, é porque o animal não está resolvido, não está integrado em nós.

Há duas respostas instintivas do animal em nós diante de uma situação hostil: atacar com raiva ou fugir com medo. É isso que se passa, dominantemente, em nossa aldeia global, de forma mais dramática no Oriente Médio e nos países que estão fazendo guerra: alguns atacam com raiva, outros fogem com medo. Eis uma normose instintiva, de agressividade e de passividade. São condutas primitivas que se realimentam, num circuito vicioso e destrutivo. Trata-se de orientar o animal pela virtude da consciência. Alimentá-lo, cativá-lo e orientá-lo, um grande desafio evolutivo.

No final do século XII, um abade filósofo, Joaquim de Fiori, afirmou a existência de três idades do espírito: a do Pai, a do Filho e a da Mãe, ou do Espírito Santo. Numa vidência profética, ele sustentava que os tempos do Pai e do Filho já tinham passado e que nos encontrávamos já na terceira idade. O Pai tem uma função estruturante, de nomear e de colocar limites. O filho, uma função amante, capaz de perdão e de fraternidade. Já a função da Mãe é a do Aberto, de alimentar e de servir.

Holograficamente, o Pai e o Filho seguem presentes. O que compreendo nesta orientação é que a função do serviço passa a ser central, uma função regente de nossa etapa de individuação coletiva. Francisco de Assis foi considerado o primeiro representante da idade do Espírito Santo, pregando a lei da doação: *É dando que se recebe*.

Podemos constatar, no contexto terapêutico, que o caminho mais direto para a cura é o da doação. Não por acaso estamos numa época em que se fala tanto do voluntariado. Este nobre terceiro setor, que complementa o fator público e o privado, é um sinal de nossos tempos. Muitos séculos depois, a Idade da Mãe está emergindo de sua gestação no inconsciente coletivo para um promissor nascimento, assim confio. Uma terapia das religiões solicita este arquétipo de abertura e de cuidado, de acolhimento e de nutrição.

As palavras dia, diálogo e Deus, provêm de uma fonte comum. Assim, uma terapia fundamental, que vise a cura das religiões, passa pelo diálogo. Diálogo é Deus na forma do Encontro. Sobretudo quando ele advém do silêncio do Aberto, do útero da Grande Mãe, da dimensão da origem de todas as origens, então é possível uma transformação, uma redenção, uma comunhão.

Novamente, indico a importância do resgate de uma pedagogia iniciática, com as virtudes simbólicas do Imaginal, que nos ensine a interpretar não só as palavras das Escrituras; também as nossas crises, os nossos sofrimentos, desencontros e dilaceramentos. Que nos abra uma escuta dialógica com sua alquimia de transmutação. Ninguém ensina ninguém a amar e ninguém aprende a amar sozinho; nós aprendemos a amar no Encontro. O futuro da humanidade depende de uma terapia do Encontro.

Tudo dá certo no final. Se não estiver dando certo é porque ainda não estamos no final, afirma o amigo Harbans Lal Arora. Além do aspecto lúdico, em minha escuta, esta afirmação contém uma sabedoria profunda. O Amor é absoluto, enquanto o mal é relativo. O mal é autoesquecimento; é ignorância de si, uma amnésia do Ser. Assim sendo, estamos condenados ao Despertar, no final de nossas desventuras, venturas e aventuras.

Lembro-me, finalmente, de outro poema de Fernando Pessoa:
>Os deuses vendem quando dão.
>Compra-se a glória com desgraça.
>Ai dos felizes, porque são
>Só o que passa!
>Baste a quem baste o que lhe basta
>O bastante de lhe bastar!
>A vida é breve, a alma é vasta;
>Ter é tardar.

Colhemos sempre aquilo que plantamos. É preciso transcender uma conduta adolescente de aspirar e esperar, do exterior, uma felicidade que é simples função de nossa capacidade de ser

quem é; tudo o que somos! Tudo passa, salvo o que É.

Há uma arte de saber se contentar. Ao sábio, o Instante basta! De fato, a existência é um sonho breve. O que importa, realmente, é resgatar a vastidão da alma. Todas as guerras normóticas findarão se lograrmos evoluir da dimensão do ter para a qualidade do Ser. Se ter é tardar, Ser é partir. Em marcha!

Bibliografia complementar dos autores

CREMA, Roberto. *Pedagogia iniciática* – Uma escola de liderança. Petrópolis: Vozes, 2009.

_____. *Mensagens do deserto*. Lorena: Diálogos do Ser, 2009.

_____. *Antigos e novos Terapeutas* – Abordagem transdisciplinar em terapia. Petrópolis: Vozes, 2002.

_____. "Da especialização à vocação". *Meta* – Revista Holística Transdisciplinar, n. 00, ano 1, 1999. Brasília.

_____. "As estações da vida". *Rejuvenescer a velhice*. Brasília: Edunb, 1996.

_____. *Saúde e plenitude*: um caminho para o Ser. São Paulo: Summus, 1995.

_____. *Análise transacional centrada na pessoa... e mais além*. São Paulo: Ágora, 1984.

_____. Relatos de assombros. In: WEIL, Pierre et al. *Transcomunicação* – O Projeto Magenta. São Paulo: Pensamento, [s.d.].

_____. Da especialização à vocação – A educação do século XXI. In: BITTENCOURT, Cláudia Cristina (org.). *Gestão contemporânea de pessoas*. Porto Alegre, Bookman [no prelo].

CREMA, Roberto & ARAÚJO, Washington. *Liderança em tempo de transformação*. Brasília: Letrativa, 2001.

LELOUP, Jean-Yves. *O absurdo e a graça* – Autobiografia. Campinas: Verus, 2003.

_____. *Uma arte de amar para os nossos tempos* – O Cântico dos Cânticos. Petrópolis: Vozes, 2002.

_____. *A montanha no oceano*. Petrópolis: Vozes, 2002.

_____. *Amar... apesar de tudo*. Campinas: Verus, 2002.

_____. *A arte da atenção.* Campinas: Verus, 2002.

_____. *Carência e plenitude.* Petrópolis: Vozes, 2001.

_____. *O Evangelho de Maria.* Petrópolis: Vozes, 1998.

_____. *Caminhos da realização:* dos medos do eu ao mergulho no Ser. Petrópolis: Vozes, 1996.

LELOUP, Jean-Yves & BOFF, Leonardo. *Terapeutas do deserto.* Petrópolis: Vozes, 1997.

LELOUP, Jean-Yves & DE HENNEZEL, Marie. *A arte de morrer.* Petrópolis: Vozes, 1999.

LIMA, Lise Mary A. (org.); LELOUP, Jean-Yves; BOFF, Leonardo; WEIL, Pierre & CREMA, Roberto. *O espírito na saúde.* Petrópolis: Vozes, 1999.

WEIL, Pierre. *Os mutantes* – Uma nova humanidade para um novo milênio. Campinas: Verus, 2003.

_____. *O fim da guerra dos sexos.* Brasília: Letrativa, 2002.

_____. *A mudança de sentido e o sentido da mudança.* Rio de Janeiro: Rosa dos Tempos, 2000.

_____. *Lágrimas de compaixão.* São Paulo: Pensamento, 2000.

_____. "A normose informacional". *Ciência da Informação/Sociedade da Informação.* [s.e.]: Ibict, 2000.

_____. Normose et transmisión palingénétique. *3e Millénaire,* n. 50, 1998. Paris.

_____. "Normose: a patología da normalidade". *Thot,* 1997. São Paulo.

_____. "Les anomalies de la normalité". *3e Millénaire,* n. 30, 1994. Paris.

_____. *A neurose do paraíso perdido.* Rio de Janeiro: Espaço e Tempo/Cepa, 1987.

WEIL, Pierre & LELOUP, Jean-Yves. "Les deux extrêmes de la normose contemporaine: du Phantasme de la Séparativité au Phantasme Fusionnel". *3e Millénaire,* n. 38, 1995. Paris.

Conecte-se conosco:

 facebook.com/editoravozes

 @editoravozes

 @editora_vozes

 youtube.com/editoravozes

 +55 24 2233-9033

www.vozes.com.br

Conheça nossas lojas:

www.livrariavozes.com.br

Belo Horizonte – Brasília – Campinas – Cuiabá – Curitiba
Fortaleza – Juiz de Fora – Petrópolis – Recife – São Paulo

EDITORA VOZES LTDA.
Rua Frei Luís, 100 – Centro – Cep 25689-900 – Petrópolis, RJ
Tel.: (24) 2233-9000 – E-mail: vendas@vozes.com.br